dtv

Autonomie oder zumindest das Streben danach ist die wichtigste Forderung für die Entwicklung einer eigenständigen Persönlichkeit. Die Probleme, die dabei entstehen, sind das Thema dieses Buches. Die Jungsche Schule, der Verena Kast angehört, betrachtet Märchen als symbolische Darstellungen von allgemeinmenschlichen Problemen, sie sieht die «Helden und Heldinnen darin gleichsam als Modellfiguren, die durch ihr Verhalten eine Problemsituation aushalten und den Weg beschreiten, der nötig ist, um das Problem zu lösen». Verena Kast hat in dem hier vorliegenden Band fünf europäische Märchen ausgewählt, in denen die Märchenhelden und -heldinnen alle auf dem Weg zu mehr Autonomie sind, ja, in denen das Autonomer-Werden geradezu als Sinn des Lebens dargestellt wird. Die Frage, weshalb das Problem der Autonomieentwicklung gerade im Spiegel der Märchen gesehen werden sollte, beantwortet die Autorin damit, daß «Märchen grundsätzlich den Vorteil bieten, in ihrem Erzählverlauf aus der Krise heraus immer auch einen Entwicklungsweg zu zeigen, wodurch auch wir selbst Wege aus Autonomiekrisen finden werden».

Verena Kast, geboren 1943 in der Schweiz, studierte Psychologie, Philosophie und Literatur und promovierte in Jungscher Psychologie. Sie ist Professorin für Psychologie an der Universität Zürich, Dozentin und Lehranalytikerin am C. G. Jung-Institut und Psychotherapeutin. Veröffentlichungen u. a.: «Wege aus Angst und Symbiose» (1982), «Mann und Frau im Märchen» (1983), «Familienkonflikte im Märchen» (1984), «Märchen als Therapie» (1986), «Der schöpferische Sprung» (1987), «Imagination als Raum der Freiheit» (1988), «Das Assoziationsexperiment» (1988), «Die Dynamik der Symbole» (1990), «Freude, Inspiration, Hoffnung» (1991), «Die beste Freundin» (1992), «Neid und Eifersucht» (1996).

Verena Kast

Wege zur Autonomie

Märchen psychologisch gedeutet

Deutscher Taschenbuch Verlag

Von Verena Kast
sind im Deutschen Taschenbuch Verlag erschienen:
Mann und Frau im Märchen (35001)
Der schöpferische Sprung (35009)
Wege aus Angst und Symbiose (35020)
Märchen als Therapie (35021)
Familienkonflikte im Märchen (35034)
Imagination als Raum der Freiheit (35088)
Die beste Freundin (35091)
Die Dynamik der Symbole (35106)
Freude, Inspiration, Hoffnung (35116)

Ungekürzte Ausgabe
Dezember 1988 (dtv 15049)
6. Auflage Februar 1998
Deutscher Taschenbuch Verlag GmbH & Co. KG, München

ISBN 3-530-42103-0
Umschlagkonzept: Balk & Brumshagen
Umschlagfoto: © Lajos Keresztes
Gesamtherstellung: C. H. Beck'sche Buchdruckerei, Nördlingen
Gedruckt auf säurefreiem, chlorfrei gebleichtem Papier
Printed in Germany · ISBN 3-423-35014-8

INHALT

VORWORT

Die Märcheninterpretationen dieses Bandes wurden 1984 auf den Lindauer Psychotherapiewochen vorgetragen. Die Folge stand unter dem Thema:

«Wege zur Autonomie – dargestellt an Märchenverläufen.»

Ich bedanke mich bei allen, die mich durch interessiertes Zuhören, Fragen usw. angeregt haben.

St. Gallen, im August 1984 Verena Kast

EINFÜHRUNG

Daß Autonomie und das Streben nach Autonomie im menschlichen Leben eine Rolle spielen, zeigt sich darin, daß Selbstbehauptung und Abhängigkeit, Individuation und Beziehung, Selbstbestimmung und Fremdbestimmung, und damit die Frage der Verantwortlichkeit, Themen sind, die uns tagtäglich beschäftigen, existentiell, emotionell – und natürlich auch gedanklich. Autonomes Handeln ist begleitet von Gefühlen des Selbstbewirkthabens, des Schuldigseins, aber auch der Stimmigkeit. Mit dem Themakreis der Autonomie ist die Thematik der Freiheit angesprochen, und die Freiheit ist immer erwünscht und bedroht.

Es ist für uns zweifellos ein Wert, selbständig zu werden. Die Erziehung der Kinder ist darauf ausgerichtet, diese selbständig und eigenständig werden zu lassen, doch hintergründig wenden wir dann wieder viele Techniken an, die diesen gleichen Kindern das Selbständigwerden schwer machen. Es zeigt sich hier bereits die Problematik aller Autonomieentfaltung: autonomer zu werden ist zweifellos gefordert, als Ideal und als Anspruch unseres Lebens an uns. Da Autonomie in jeder Form aber immer auch mit Sich-Unterscheiden und Trennung von einem andern verbunden ist, damit aber mit Verlust, mit Schuldgefühlen von der einen, mit Gekränktsein von der andern Seite, mit Trennungsängsten von beiden Seiten, versuchen wir auch, sie zu vermeiden.

Nicht nur in den menschlichen Beziehungen spielt Autonomie eine Rolle: wir wollen auch von unseren eigenen Komplexen, von unseren eigenen Trieben nicht so stark bestimmt werden, wir wollen auch eine Autonomie – soweit das möglich ist – unserem Unbewußten gegenüber erreichen, das ist das Ziel des Bewußter-Werdens. Damit möchten wir aber auch Angst vermeiden, denn alles, was wir nicht durchschauen können, was uns bedroht und uns daher hilflos macht, macht uns zugleich auch Angst.

Auf einer dritten Ebene wollen wir auch dem gegenüber autonom werden, was wir gelernt haben, gegenüber den gültigen Regeln, Weltanschauungen usw.

Alles in allem soll dieses immer mehr Autonom-werden-Wollen, diese verschiedenen Formen von Autonomie uns letztlich das leben lassen, was wir sind: uns authentisch machen. Gerade die Thematik der Autonomie zeigt uns aber, wie sehr dieses Autonom-Werden immer in Beziehung zu unserer Abhängigkeit von der Umwelt, vom Du, vom Unbewußten steht, daß auch diese Abhängigkeiten nötig sind, um zu unserer Autonomie zu finden.

Autonomer zu werden ist natürlich ein Prozeß, der ein Leben lang dauert. Wir werden, da Autonomie so viele Ebenen berührt, nie autonom sein, sondern immer nur mehr autonom als bisher. Es ist daher auch richtiger, wenn wir von Autonomie *und* Abhängigkeit sprechen, uns sehen als Menschen, die immer in einem Feld von genauer zu umschreibender Autonomie und damit verbundener Abhängigkeit sich bewegen müssen. Letztlich geht es wohl darum, das für einen jeweils stimmige Verhältnis von Autonomie und Abhängigkeit zu finden, von Autonomie und neuer Bezogenheit.

Autonomiestreben bezieht seinen Wert aus einem Denken, das dem Individuationsprinzip verpflichtet ist: Jeder

Mensch hat eine bestimmte Aufgabe, die er erfüllen muß, die in seinem Leben angelegt ist, also letztlich sein Schicksal ist. Um diese *seine* Aufgabe erfüllen zu können, muß er sich immer wieder aus den notwendigen Abhängigkeiten, die ja immer auch eine Lebenshilfe bedeuten, lösen und sich aus ihnen herausentwickeln.

Die Gefahr des Autonomiestrebens besteht darin, daß die Rolle der Mitmenschen, der Welt und der Beziehungen als zu gering eingeschätzt werden. Darin kann sich allerdings schon eine Verfallsform des Autonomiestrebens ausdrücken: Da wird Ablösen von überfälligen Abhängigkeiten als totales Sich-Trennen erlebt; der Prüfstein jeder gelungenen Autonomieentwicklung ist aber, daß wir uns in jenen Beziehungen, die uns Anlaß zu einem Stück Autonomieentwicklung gaben, schließlich als autonomer gewordene Partner bewegen und bewähren können. Wenn Autonomie nicht zu Autismus werden soll, dann werden wir die menschlichen Beziehungen als auslösend, beschwingend oder erschwerend und hemmend für unseren Entwicklungsprozeß sehen; wir werden aber auch feststellen, daß erst die Beziehung zum Du auch wirklich den notwendigen Anreiz gibt, zu einem authentischen Ich zu werden.

Diesem Menschenbild, dem es wesentlich ist, man selbst zu werden, zu individuieren, oder anders ausgedrückt: vertrauensvoll auf den Weg zu gehen und die Verantwortung für sich zu übernehmen, ist das Menschenbild des Märchens verpflichtet. Es bietet sich also an, unsere Fragestellung an Märchen heranzutragen, zu sehen, welche Probleme den Märchenhelden und -heldinnen auf ihren Wegen zur Autonomie begegnen, und auch die Situationen, die Anreiz geben, sich in die autonomere Entwicklung hineinzuwagen, etwas näher zu betrachten, um sie auf unsere Erlebnisse im Bemühen um Autonomie zu übertragen. Mehr als bei anderen Fragestellungen, unter denen ich Märchen schon betrachtet habe, scheint es mir, als wäre jeder Mensch in dieser Thematik vom Märchen her direkt angesprochen: so erübrigt es sich, langwierige Beispiele anzuführen.

Es bleibt die Frage, weshalb das Problem der Autonomieentwicklung im Spiegel der Märchen gesehen werden soll. Wie schon erwähnt, sind Märchenheldinnen und Märchenhelden immer auf dem Weg zu mehr Autonomie, vermittelt das Märchen geradezu eine Sicht des Lebens, in der Autonomer-Werden als ein Sinn des Lebens herausgestellt wird. Dann gilt aber grundsätzlich, daß Märchen den Vorteil bieten, in ihrem Erzählverlauf aus der Krise heraus immer auch einen Entwicklungsweg zu zeigen, wodurch auch wir selbst Wege aus Autonomiekrisen finden werden.

Märchen sind getragen von der Hoffnung auf Veränderung, auf die Wandelbarkeit des Lebens, getragen aber auch von dem Bewußtsein, daß genügend Kräfte vorhanden sind, um die Situation jeweils zum Besseren zu wenden, man muß diese Kräfte nur suchen und finden. Das mag ein Grund dafür sein, daß heute Märchen wieder so sehr beachtet werden. Ein anderer ist der, daß die Märchen in Bildern sprechen, also auch in uns Bilder anregen, unsere imaginativen Fähigkeiten hervorlocken; Märchen sprechen nicht so sehr unser logisches als vielmehr unser ganzheitliches Denken an, unsere Fähigkeit, Zusammenhänge zu erschauen und zu erfühlen, in größeren Zusammenhängen zu denken. Sie sprechen unser rechtshemisphärisches Denken an und entsprechen einem Bedürfnis nach Ganzheitlichkeit, aber auch einem Bedürfnis nach dem nicht ganz Durchschaubaren, Geheimnisvollen, das viele Ent-

wicklungsmöglichkeiten in sich birgt. Es regt an, in größeren Zusammenhängen wahrzunehmen und zu erleben.
Insofern ist Beschäftigung mit dem Märchen eine möglichst ganzheitliche Beschäftigung mit Fragen der Existenz, der Entwicklung, wie sie sich allen Menschen stellen. Ganzheitlich wird die Beschäftigung vor allem dann, wenn wir uns auf die Bilder als Bilder einlassen und sehen, was sie in uns hervorrufen, auch an den mit ihnen verbundenen Emotionen. In Bildern zu erleben regt aber auch an, diese Bilder zu deuten, und das wird mit den verschiedenen Märcheninterpretationen versucht. Dabei können Märchen von sehr verschiedenen Perspektiven angegangen werden: tiefenpsychologisch, soziologisch, volkskundlich, germanistisch usw. Jeder Zugang sieht einen Aspekt schärfer, vernachlässigt dafür andere Aspekte. Das gilt auch von meinem Zugang, dem tiefenpsychologischen. Meine Intention ist einmal, durch die Bilder des Märchens eigene innere Bilder des Lesers oder des Märchenhörers auslösen und ansprechen zu lassen, dann aber die Bilderfolge des Märchens auch mit psychischen Prozessen in Zusammenhang zu bringen. Bei den vorliegenden Märchen geht es mir vor allem um Prozesse, die zur Autonomie führen.
Zusammenfassend ist zum methodischen Hintergrund meiner Arbeit mit Märchen folgendes zu sagen:
In der Jungschen Schule betrachten wir die Märchen als symbolische Darstellungen von allgemeinmenschlichen Problemen und von möglichen Lösungen dieser Probleme. Das Märchen handelt immer von etwas, das den Fortgang des Lebens bedroht – meistens dargestellt in der Ausgangssituation des Märchens –, und es zeigt, welcher Entwicklungsweg aus diesem Problem heraus und in eine neue Lebenssituation hineinführt. Wir wissen alle, daß dieser Entwicklungsweg jeweils auch noch Umwege, Gefahren,

Scheitern usw. in sich birgt. Das sind, ins Psychische übersetzt, Gefahren, die uns selbst auf unseren Entwicklungswegen ebenso drohen wie dem Helden im Märchen. Wir betrachten Held und Heldin gleichsam als Modellfiguren, die durch ihr Verhalten eine Problemsituation aushalten und den Weg beschreiten, der nötig ist, um das Problem zu lösen. Dabei hat es sich bewährt, die «subjektstufige» Deutungsform, wie wir sie von der Trauminterpretation her kennen, mitzuverwenden. Subjektstufige Deutung meint: Jede Figur, die auftritt, kann auch als Persönlichkeitszug des Träumers, hier im Märchen als Persönlichkeitszug der Heldenfigur, aufgefaßt werden. Wenn im Märchen eine männliche Hauptfigur zum Beispiel auf einen Fuchs trifft, dann trifft sie auf ihre eigenen füchsischen Züge.

Wir beachten bei der Interpretation einerseits die Entwicklungsverläufe, die Wege, die innerhalb eines Märchens zurückgelegt werden, die Situationen, in denen der Held sich aufhält oder aufgehalten wird, andererseits beachten wir natürlich auch die Symbole. Um herauszufinden, was ein Symbol bedeutet, wenden wir die Methode der Amplifikation an: das heißt, wir versuchen, zu einem Märchenmotiv Parallelen beizubringen, dann auch zu sehen, wo in der Menschheitsgeschichte dieses Symbol etwa schon eine Rolle gespielt hat und in welchem Bedeutungszusammenhang es gestanden hat. Über diese Amplifikation wird die allgemeinste Bedeutung eines Symbols evident (1).

Bilder sind nie eindeutig, und je vielschichtiger diese Bilder werden, je märchenhafter, um so schwieriger ist es, eine eindeutige Bedeutung zu sehen. In dieser Mehrdeutigkeit liegt aber andererseits gerade das Spannende an der Märcheninterpretation, das Anregende. Man kann ein Märchen immer jeweils auch anders interpretieren. Kriterium einer gelungenen, vertretbaren Interpretation ist für mich, daß die Interpretation in sich einen Sinn hat, daß alle Einzelzüge unter dem gewählten Gesichtspunkt ein stimmiges Ganzes ergeben, oder daß sie zumindest anregend ist oder zum Widerspruch herausfordert. Eine «richtige» Interpretation gibt es nicht.

Die Märcheninterpretation ist weder der einzige noch der wichtigste Umgang mit dem Märchen. Das Ausphantasieren, das Meditieren und das Gestalten der Märchenbilder scheinen mir mindestens ebenso wichtige Methoden des Umgangs mit Märchen zu sein.

Wie sehr wir uns auch um das Märchen bemühen, ein Teil des in ihm verborgenen Schatzes läßt sich heben, ein Teil bleibt uns verborgen und regt zu immer neuer Auseinandersetzung an. Jede Deutung bleibt An-Deutung.

ZOTTELHAUBE

Es waren einmal ein König und eine Königin, die bekamen keine Kinder, und darüber war die Königin so betrübt, daß sie kaum jemals eine frohe Stunde hatte. Beständig klagte sie, daß es so einsam und still im Schloß sei: «Wenn wir nur Kinder hätten, so gäbe es Leben genug da.» Wo sie in ihrem ganzen Reich hinkam, da fand sie Kindersegen, sogar in der armseligsten Hütte; wo sie hinkam, da hörte sie die Hausfrau auf die Kinder schelten, sie hätten wieder das oder jenes angestellt; das fand die Königin vergnüglich und wollte es auch so haben. Zuletzt nahmen der König und die Königin ein fremdes kleines Mädchen zu sich; das wollten sie im Schloß bei sich haben und aufziehen und es zanken wie ihr eigenes Kind.

Eines Tages sprang das kleine Fräulein, das sie angenommen hatten, unten im Hof vor dem Schloß herum und spielte mit einem goldenen Apfel. Da kam eine arme Frau des Wegs; sie hatte auch ein kleines Mädchen bei sich, und es dauerte nicht lange, da waren das Mädchen und das kleine Fräulein gute Freunde und fingen an, zusammen zu spielen und sich den goldenen Apfel zuzuwerfen. Das sah die Königin, die oben im Schloß am Fenster saß; da klopfte sie ans Fenster, daß ihr Pflegetöchterchen heraufkommen sollte. Sie kam auch, aber das Bettelmädchen blieb dabei, und als sie in den Saal zur Königin kamen, hielten sie einander bei der Hand. Die Königin schalt auf das kleine Fräulein. «Das gehört sich nicht für dich, mit so einem lumpigen Bettelkind zu spielen!» sagte sie und wollte das Mädchen hinunterjagen.

«Wenn die Frau Königin wüßte, was meine Mutter kann, so würde sie mich nicht jagen», sagte das kleine Mädchen, und als die Königin sie genauer ausfragte, erzählte sie, daß ihre Mutter der Königin Kinder verschaffen könnte. Das wollte die Königin nicht glauben, aber das Mädchen blieb dabei und sagte, jedes Wort sei wahr, und die Königin sollte nur versuchen, die Mutter dazu zu bringen. Da ließ die Königin das kleine Mädchen hinuntergehen und sie holen.

«Weißt du, was deine Tochter sagt?» fragte sie die Frau. Nein, die Bettlerin wußte es nicht.

«Sie sagt, daß du mir Kinder verschaffen kannst, wenn du willst», sagte die Königin wieder.

«Das schickt sich nicht für die Königin, darauf zu hören, was einem Bettelkind in den Sinn kommt», sagte die Frau und ging wieder hinaus.

Die Königin wurde zornig und wollte beinahe das kleine Mädchen hinunterjagen, aber sie versicherte, es sei alles aufs Wort wahr. «Die Königin sollte meiner Mutter nur einschenken, daß sie auftaut, dann wird sie Rat genug wissen», sagte das Mädchen. Das wollte die Königin probieren; die Bettlerin wurde noch einmal heraufgeholt und mit Wein und Met traktiert, soviel sie haben wollte, und da dauerte es nicht lange, bis ihr die Zunge gelöst war. Da kam die Königin wieder mit ihrem Anliegen.

Einen Rat wüßte sie wohl, sagte die arme Frau: «Die Königin soll am Abend, wenn sie sich legen will, zwei Schüsseln mit Wasser hereintragen lassen. Darin soll sie sich waschen und sie dann unters Bett ausschütten. Wenn sie dann am anderen Morgen nachsieht, so sind da zwei Blumen gewachsen, eine schöne und eine häßliche. Die schöne soll sie verspeisen, die häßliche soll sie stehenlassen. Aber vergeßt das letzte nicht!» sagte die Frau.

Die Königin tat, wie die Frau ihr geraten hatte. Sie ließ Wasser in zwei Schüsseln heraufbringen, wusch sich darin und schüttete es unters Bett aus, und als sie am Morgen nachsah, standen zwei Blumen da; die eine war häßlich und garstig und hatte schwarze Blätter, die andere aber war hell und schön, daß sie niemals so etwas Schönes gesehen hatte, und die aß sie schnell auf. Aber sie schmeckte ihr so gut, daß sie nicht anders konnte, als die andere auch essen; es wird weder schaden noch nützen, dachte sie.

Nach einer Weile kam die Königin ins Kindbett. Zuerst brachte sie ein Mädchen zur Welt, das hatte einen Rührlöffel in der Hand und ritt auf einem Bock; es war häßlich und garstig, und kaum war es auf der Welt, so rief es: «Mama!»

«Gott helf mir, wenn ich deine Mama sein soll», sagte die Königin.

«Mach dir keine Sorgen deswegen, es kommt gleich noch eines, das ist schöner», sagte das, das auf dem Bock ritt. Und darauf brachte die Königin noch ein Mädchen zur Welt, das war so schön und lieblich, daß man nie ein so schönes Kind gesehen hatte; und man kann sich vorstellen, daß die Königin sich darüber besonders freute. Die älteste nannten sie Zottelhaube, weil sie so schlampig und häßlich war und eine Kappe hatte, die ihr in Zotteln ums Gesicht hing; die Königin wollte nichts von ihr wissen, und die Zofen versuchten, sie in ein anderes Zimmer einzusperren. Aber das half nichts; wo die jüngste war, wollte sie auch sein, und sie waren durchaus nicht zu trennen.

Wie sie beide halbwüchsig waren, geschah es am Weihnachtsabend, daß sich ein ganz fürchterlicher Lärm und Trubel auf dem Hausgang vor der Stube der Königin erhob. Zottelhaube fragte, was das sei, das auf dem Gang so knurre und poltere.

«Das ist der Mühe nicht wert, daß du fragst», sagte die Königin. Aber Zottelhaube gab nicht nach, sie wollte endlich Bescheid darüber, und so erzählte ihr die Königin, das seien die Trollweiber, die da draußen ihre Julfeier hielten. Zottelhaube sagte, sie wolle hinaus und sie jagen; und wie sie auch baten, sie möchte das doch nicht tun, das half gar nichts, sie wollte und mußte hinaus, um die Trollweiber zu jagen. Nur bat sie, die Königin sollte alle Türen wohl verriegelt halten, so daß nicht eine einzige auch nur angelehnt sei, sagte sie. Damit ging sie hinaus mit ihrem Rührlöffel und machte sich daran, die Trollweiber zu jagen und zu hetzen, und da war ein solcher Lärm auf dem Hausgang, wie ihr niemals einen gehört habt; es knarrte und krachte, als ob das Haus aus allen Fugen gehen wollte. Aber wie es nun gekommen sein mochte, die eine Türe stand nur angelehnt; jetzt wollte die Schwester hinausschauen und sehen, wie es Zottelhaube ging, und steckte den Kopf durch den Türspalt. Ratsch, da kam eine Trollhexe, riß ihr den Kopf ab und setzte ihr statt dessen einen Kalbskopf auf, und stracks ging die Prinzessin hinein und brüllte. Als Zottelhaube wieder hineinkam und die Schwester erblickte, da zankte sie und wurde böse, daß man nicht besser auf sie aufgepaßt hatte, und fragte, ob sie es für schön hielten, daß die Schwester in ein Kalb verwandelt worden sei. «Aber ich will doch sehen, ob ich sie nicht erlösen kann!» sagte sie. Sie verlangte vom König ein Schiff, wohl ausgerüstet und reisefertig, aber einen Steuermann und Mannschaft wollte sie nicht haben, sie wollte mit ihrer Schwester ganz allein fortgehen, und schließlich mußten sie ihr den Willen lassen.

Zottelhaube fuhr fort und steuerte gleich auf das Land zu, wo die Trollhexen wohnten, und als sie in den Hafen gekommen war, sagte sie ihrer Schwester, sie solle auf dem Schiff bleiben und sich ganz still verhalten; aber Zottelhaube selbst ritt auf ihrem Bock hinauf zum

Schloß der Trollhexen. Wie sie hineinkam, war ein Saalfenster offen, und da sah sie den Kopf ihrer Schwester auf dem Fensterbrett stehen; da ritt sie in vollem Schwung in den Hausgang, packte den Kopf und machte sich mit ihm davon. Die Trollhexen waren hinterdrein und wollten den Kopf wiederhaben, und sie kamen so dicht in ihre Nähe, daß es nur so schwärmte und schwirrte, aber der Bock knuffte und stieß mit den Hörnern, und sie selbst schlug und hieb mit dem Rührlöffel drein, und so mußte der Trollschwarm sich besiegt geben. Zottelhaube kam zum Schiff zurück, nahm der Schwester den Kalbskopf ab und setzte ihr ihren eigenen Kopf wieder auf, so daß sie wieder ein Mensch wurde wie vorher. Und so fuhren sie weit, weit fort in ein fremdes Königreich.

Der König dort war ein Witwer und hatte nur einen einzigen Sohn. Wie er das fremde Schiff zu Gesicht bekam, sandte er Leute an den Strand, um zu hören, wo es her sei und wem es gehöre. Aber als sie an den Strand hinunterkamen, sahen sie keine lebende Seele auf dem Schiff außer Zottelhaube, sie ritt auf dem Deck hin und her auf ihrem Bock, daß die Haarsträhnen ihr um den Kopf flogen. Die Leute vom Hof waren höchst verwundert über den Anblick und fragten, ob denn sonst niemand an Bord sei. Doch, sie hätte eine Schwester bei sich, sagte Zottelhaube. Da wollten die Leute sie sehen, aber Zottelhaube sagte nein: «Es bekommt sie keiner zu sehen außer dem König», sagte sie und ritt auf ihrem Bock herum, daß das Deck dröhnte.

Wie nun die Diener wieder zum Schloß kamen und berichteten, was sie von dem Schiff gesehen und gehört hätten, da machte sich der König stracks auf den Weg, um die zu sehen, die da auf dem Bock ritt. Als er kam, führte Zottelhaube ihre Schwester heraus, und sie war so schön und lieblich, daß der König sich sogleich auf der Stelle in sie verliebte. Er nahm sie beide mit auf sein Schloß, und die Schwester wollte er zu seiner Königin machen, aber Zottelhaube sagte, der König könne ihre Schwester auf gar keinen Fall bekommen, wenn nicht der Königssohn sie, die Zottelhaube, nehme. Begreiflicherweise wollte der Königssohn höchst ungern einen so häßlichen Kobold wie Zottelhaube heiraten, aber der König und alle im Schloß redeten ihm so lange zu, bis er endlich nachgab und versprach, er werde sie zur Frau nehmen, aber er tat es nur gezwungen und war sehr traurig. Nun wurde die Hochzeit vorbereitet mit Backen und Brauen, und als alles fertig war, sollten sie zur Kirche ziehen; aber der Prinz empfand das als schwersten Kirchgang, den er je in seinem Leben getan hatte. Zuerst fuhr der

König mit seiner Braut; sie war so wunderschön, daß alle Leute stehenblieben und ihr nachsahen, so lange sie sie noch erspähen konnten. Dahinter kam der Prinz geritten neben Zottelhaube, die auf ihrem Bock dahertrabte mit dem Rührlöffel in der Faust, und er sah mehr danach aus, als ob er zu einem Leichenbegängnis sollte als zu seiner eigenen Hochzeit. So betrübt war er und sprach nicht ein Wort.
«Warum sagst du denn nichts?» fragte Zottelhaube, als sie ein Stück Wegs geritten waren.
«Was soll ich denn sagen?» antwortete der Prinz.
«Du kannst ja fragen, warum ich auf dem häßlichen Bock reite», sagte Zottelhaube.
«Warum reitest du auf dem häßlichen Bock?» fragte der Königssohn.
«Ist das ein häßlicher Bock? Das ist das schönste Pferd, auf dem eine Braut je geritten ist!» sagte Zottelhaube, und in dem Augenblick verwandelte sich der Bock in ein Pferd, wie der Königssohn seiner Lebtag kein prächtigeres gesehen hatte.
Jetzt ritten sie wieder ein Stück, aber der Prinz war ganz gleich traurig und konnte kein Wort herausbringen. Da fragte Zottelhaube noch einmal, warum er nicht rede, und als der Prinz zur Antwort gab, daß er nicht wisse, wovon er reden solle, da sagte sie: «Du kannst ja fragen, warum ich mit dem häßlichen Kochlöffel in der Hand reite?»
«Warum reitest du mit dem häßlichen Kochlöffel?» fragte der Prinz.
«Ist das ein häßlicher Kochlöffel? Das ist der schönste Silberfächer, den eine Braut nur haben kann», sagte Zottelhaube, und zugleich wurde er in einen Silberfächer verwandelt, so prächtig, daß es nur so blitzte.
So ritten sie noch ein Stück, aber der Königssohn war ebenso traurig und sprach kein Wort. Bald fragte Zottelhaube ihn wieder, warum er nicht rede, und diesmal sagte sie, er solle fragen, warum sie die häßliche graue Haube aufhabe.
«Warum hast du die häßliche graue Haube auf?» fragte der Prinz.
«Ist das eine häßliche Haube? Das ist ja die blankste Goldkrone, die eine Braut nur haben kann», gab Zottelhaube zur Antwort, und in dem gleichen Augenblick geschah die Verwandlung.
Nun ritten sie wieder eine lange Weile, und der Prinz war so traurig, daß er dasaß, ohne ein einziges Wort zu mucksen, wie vorher; da fragte ihn seine Braut wiederum, warum er nicht rede, und nun sollte er fragen, warum sie so grau und häßlich von Angesicht sei?
«Ja, warum bist du so grau und häßlich von Angesicht?» fragte der Königssohn.

«Bin ich häßlich? Du meinst, meine Schwester sei schön, aber ich bin noch zehnmal schöner», sagte die Braut, und als der Königssohn sie ansah, fand er, es könne kein ebenso schönes Frauenzimmer mehr geben in der Welt. Also ist es begreiflich, daß der Prinz seinen Mund wieder fand und nicht länger den Kopf hängen ließ. So feierten sie Hochzeit schön und lange, und dann zogen der König und der Prinz, jeder mit seiner jungen Frau, zum Vater der Königstöchter, und da feierten sie aufs neue Hochzeit, so daß das Fest kein Ende nehmen wollte. Lauf geschwind aufs Schloß, da ist immer noch ein Tropfen vom Brautbier übrig.

Dieses norwegische Märchen (2) gehört zu dem selten vorkommenden Typus der Märchen von den ungleichen Zwillingsschwestern. Es handelt sich bei diesem Märchen im weiteren Sinn um eine Parallele zu den Brudermärchen, in denen thematisiert wird, daß sich zwei junge Männer miteinander verbrüdern, um den Gefahren des Lebens besser begegnen zu können, da sie einander Schutz geben. Sie werden durch ihre Verbrüderung mutiger, können Grenzerfahrungen bestehen. Im Märchen Zottelhaube geht es dementsprechend darum, daß diese Schwestern miteinander dem Leben besser begegnen können, darum, was sie miteinander Neues ins Leben hereinholen. Unter unserer besonderen Fragestellung werden wir uns damit befassen, welche Form von Autonomie hier gezeigt und gelebt wird, mit welchen Problemen sie verbunden ist und welches Ziel sie hat.

Die Hauptgestalt dieses Märchens ist zweifellos Zottelhaube. Sie wird uns als häßlicher Kobold geschildert; in ihrer lebendigen, forschen Art aber, in ihrem Besonderssein, in ihrer Autonomie, die sich dadurch auszeichnet, daß sie das tut, was für sie eben dran ist, was getan werden muß, in ihrem entschlossenen Draufgängertum wirkt sie auf mich eher lustig, anregend, als häßlich. Fast erscheint es mir, als

würden ihre problematischen Seiten überspielt werden. Aber bedenken wir doch: Gleich auf einem Bock geboren zu werden, immer die Kochkelle in der Hand zu halten, eine Zottelhaube tragen zu müssen, das alles dürfte, wenn es für immer ist, nicht einfach zu ertragen gewesen sein. Die Unbekümmertheit von Zottelhaube, ihr klares Wissen um ihr Schicksal, vielleicht sogar ihre Ahnung, daß sie es schon irgendwie schaffen wird, läßt uns etwas darüber hinwegsehen, daß Zottelhaube eigentlich am ehesten mit den Kindern, die in Tierhäuten geboren worden sind, vergleichbar ist. Sie wird also erlöst werden müssen, sie wird aber auch selbst als Erlösende tätig. Dieses Mädchen, das so forsch und entschlossen in der Welt sich behauptet, sich mit Trollen schlägt, Schiffe steuert, das sich so autonom und aggressiv gebärdet und schließich seine Schwester erlöst, – es ist selber auch erlösungsbedürftig, und indem es seine Schwester erlöst, erlöst es sich selbst. Diese Erlösungsbedürftigkeit entspricht dem Bedürfnis und der Notwendigkeit, Lebensmöglichkeiten zu entbinden, mehr Freiheiten im Gestalten des Lebens damit zu erreichen. Erlösungsbedürftigkeit heißt aber auch, daß etwas gelöst werden muß, daß also eine Bindung besteht, die nicht mehr weiter bestehen soll. Das Märchen nennt eine solche überfällige Bindung eine Verzauberung, manchmal auch einen Fluch.
Das ist wichtig im Zusammenhang mit Autonomie: Autonomie gewinnen hat immer auch etwas mit einer schrittweisen Erlösung zu tun: was gebunden ist, wird in die Freiheit hinausgegeben.
Es stellt sich natürlich die Frage: Was ist der Sinn dieser Autonomie, dieses immer mehr Autonomwerdens? Geht es nur darum, daß ein Mensch sich selber verwirklichen kann, daß der Individuationsdrang – der ja nach Jung ein Trieb ist – befriedigt wird, oder wird durch diesen Auto-

nomiedrang auch kollektiv etwas verändert? Wird für die Entwicklung der Menschheit etwas verändert, in dem Sinne etwa, daß mehr Lebensmöglichkeiten, mehr Möglichkeiten des Handelns und Denkens zustande kommen oder neue Formen der Beziehung, die weniger auf Macht und Ohnmacht gründen, sondern auf mehr Partnerschaft?
Im Märchen stellt sich die Frage einfacher: Ist zum Schluß nur Zottelhaube eine schöne junge Frau geworden, ist sie bloß ihre Verzauberung los, oder hat sich an der ganzen Lebenssituation etwas geändert?
Diesem Fluch, dieser Lebensbehinderung, müssen wir uns nun zuwenden, um zu erfahren, gegen welche Abhängigkeit die Autonomiebestrebungen von Zottelhaube gerichtet sind und was sie in ihrem Autonomiestreben ins Leben hereinbringen will.
Das Märchen sagt es uns deutlich: Der König und die Königin bekommen keine Kinder. Und was bei Märchen des gleichen Typs, etwa bei Dornröschen, in zwei Sätzen erzählt ist, wird in unserem Märchen breit geschildert: Die Königin hat deshalb keine frohe Stunde. Sie hat den dringenden Wunsch, mit Kindern herumzanken zu können, halt zu leben wie andere Mütter auch. Vielleicht mag der Wunsch, herumzanken zu können, bereits ein Licht darauf werfen, was an diesem Königshof fehlt. Indirekt sagt die Königin, daß das Leben am Hof fehle. Und da hat sie wohl auch recht. Wenn das Königspaar keine Kinder bekommt, das Königspaar aber zugleich als Modell für die ganze Gemeinschaft steht, die es regiert, dann wird (in der Symbolik der Märchen) allen letztlich geschehen, was dem Königspaar geschieht, dann ist Grund zur Sorge da. Damit ist die Zukunft in Frage gestellt. Damit ist aber auch ein Zeichen gegeben, daß am Zusammenleben von Mann und Frau hier etwas grundsätzlich falsch ist, daß etwas Wesent-

liches am Leben fehlt. Diese Situation kann als reale Situation verstanden werden, in der ein Paar einfach kein Kind bekommt und um jeden Preis eines will: symbolisch, aber auch als Lebenssituation ohne Hoffnung auf Zukunft und auf schöpferische Verwandlung – also ein Leben ohne Hoffnung –, beträfe es nun ein Paar oder einen einzelnen Menschen.

Dem Wunsch der Königin, mit ihren Kindern zu zanken, entnehme ich, daß ein ausgesprochenes Bedürfnis nach Auseinandersetzung in diesem System besteht und bisher nicht auf eine erwachsene Weise befriedigt werden konnte. Die Königin müßte sich eigentlich so ein freches Kind wünschen.

Nun ist bekannt, daß solche Eltern, die jeweils sagen, sie hätten gern ein freches, mutiges Kind – einen richtigen Lausbuben oder ein richtiges Lausmädchen –, selten auch die Eltern sind, die dann mit einem solchen Kind zurechtkämen. In ihrem Wunsch nach einem solchen Kind drückt sich aus, was *ihnen* selbst fehlt, um das Leben etwas spannender zu gestalten. Denn wenn dann ein Kind solche ungewohnten Eigenschaften in die Familie hineinträgt, entwickeln sie nur selten mit ihm auch ihre eigenen aggressiven Seiten, viel eher fühlen sie sich dann überfordert, wie auch die Königin im Märchen sich überfordert fühlt und deshalb nichts von der Zottelhaube wissen will, sich von ihr distanziert.

Aber versetzen wir uns noch einmal in die Ausgangssituation des Märchens: die Königin bekommt kein Kind und nimmt deshalb ein fremdes kleines Mädchen zu sich. Dieses fremde Mädchen, das sie angenommen hat, um den Mangel, den sie spürt, aufzuheben, bringt den fälligen Entwicklungsprozeß ins Rollen, indem es mit dem goldenen Apfel spielt.

Das Königspaar jammert nicht nur über sein Schicksal, sondern sucht und findet eine Lösung. König und Königin erweisen sich dadurch als Menschen, die nicht einfach dem Schicksal ergeben sind, sondern auch mit ihm umgehen können. Sie fassen die für sie nächstbeste Lösung ins Auge und realisieren sie.

Diese Haltung wird vom Märchen durchaus honoriert: Neues Leben ist ins Königshaus eingezogen, das Mädchen spielt mit dem goldenen Apfel. – Die goldenen Äpfel erinnern an die Äpfel der Hesperiden. Die Mutter Erde (Gaia) hatte Hera zur heiligen Hochzeit mit Zeus einen Apfelbaum mit goldenen Äpfeln geschenkt, der von den Töchtern des Atlas und dem stetig wachsamen Drachen Ladon gehütet wurde. Dadurch, daß ein Gott und eine Göttin in der heiligen Hochzeit sich miteinander paaren, wird nach mythischer Auffassung die Fruchtbarkeit der Erde garantiert und erhalten, wird recht eigentlich die Auferstehung alles Toten erreicht, damit aber die Erhaltung der Schöpfung. Die goldenen Äpfel der Hesperiden galten denn auch als Symbol der Unsterblichkeit, einer Unsterblichkeit im Zusammenhang mit der Liebe und der Fruchtbarkeit, die die weibliche Göttin spenden kann (3). In der nordischen Mythologie sind die goldenen Äpfel im Besitz der Göttin Iduna. Diese goldenen Äpfel sichern den Göttern die ewige Jugend.

König und Königin im Märchen stehen stellvertretend für Gott und Göttin, deshalb ist ihre Fruchtbarkeit so wichtig. Sie stehen aber auch wieder für das Zusammenspiel von männlichen und weiblichen Persönlichkeitsanteilen (in jedem einzelnen), das eben fruchtbar sein soll und dadurch schöpferische Zukunft in sich birgt.

Das Mädchen spielt mit diesen Aspekten, rollt den Apfel wie einen Ball; auf dem Gebiet des Eros und der damit verbundenen Fruchtbarkeit und Unsterblichkeit kommt also etwas ins Rollen, zwar im Augenblick noch wenig bewußt, eher spielerisch – aber das Versprechen auf neue Fruchtbarkeit ist da.

Diese Situation könnte mit einer Lebenssituation verglichen werden, in der man ein verkrampftes Wollen aufgegeben hat, eine bessere Lösung erprobt und dadurch plötzlich eine neue Lebendigkeit spürt, eine Entwicklung, die gerade *das* lebbar macht, worauf man verzichtet hat.

Es ist ja oft so, daß Ehepaare, die lange kinderlos waren und dann schließlich ein Kind adoptieren, hinterher doch noch ein eigenes Kind bekommen. Wenn einmal das verkrampfte Wollen aufgegeben wird, dann kann etwas geschehen.

Der Apfel im Märchen rollte auch bald einmal zwischen dem angenommenen Märchen und dem Bettelmädchen hin und her. Hier finden wir ein erstes Mal ein Mädchenpaar; hier wird auch angedeutet, worum es in diesem Märchen geht: Der goldene Apfel soll zwischen dem königlichen Mädchen und dem Bettelmädchen hin und herrollen. Zwei Formen des Weiblichen müssen miteinander verbunden werden, durch Eros: das garantiert dann die Fruchtbarkeit. Beide Seiten sollen sich frei entfalten können und das ihre zur Dynamik des Lebens beitragen. Daß im Bettelmädchen Aspekte verborgen sind, die dem herrschenden System, hier dargestellt durch die Königin, nicht passen, zeigt sich schon dadurch, daß die Königin ihrem Kind verbietet, mit dem Bettelmädchen zu spielen. Aber natürlich ist schon im Ausdruck «Bettelkind» enthalten, daß dieses Kind eben betteln muß, daß es also sehr arm ist, und das heißt symbolisch aufgefaßt, daß man selber die Seiten, die im Bettelkind dargestellt sind, darben läßt. Solange sie noch betteln, sind sie aber nicht ganz von dem bewußten Bereich der Psyche abgespalten, sondern bloß etwas ausgegrenzt. Und hier in diesem Märchen bringen sich diese Seiten auch recht angriffslustig zur Geltung: sagt doch das kleine Mädchen, daß ihre Mutter der Frau Königin Kinder verschaffen könne (Kinder, nicht bloß ein Kind!).

Von dieser Seite, die zum Betteln verurteilt war, kommt eine neue Idee; diese Bettelseite drängt ins Leben herein, will Fuß fassen, läßt sich nicht so leicht wieder «verjagen». Darin steckt auch ein Stück Autonomie im Sinne der Selbstbehauptung.

Dieses Bettelmädchen läßt sich seinen Wert nicht absprechen. Es hat der Frau Königin etwas zu bieten und weiß das auch. Die alte Bettlerin indessen ziert sich etwas, gibt aber einen Rat, nachdem man sie mit Wein und Met traktiert hat. Diese Behandlung sagt uns etwas mehr über die Bettlerin aus: sie muß berauscht werden, bis sie etwas sieht, kann aber dann in ihrem berauschten Zustand auch wirklich etwas «sehen», weiß dann um Zusammenhänge, die der Königin fremd sind. Sie ist eine Gestalt, die eine Verbindung zur Welt des Rausches, der Begeisterung und der damit verbundenen Weissagung hat, damit aber auch zur Welt des Chaotischen, wilden, Überbordenden. Erst mit Hilfe dieser ausgegrenzten, verachteten Lebensqualitäten kann das Leben wieder fruchtbar gemacht werden.

Von einem anderen Märchen des gleichen Typus wissen wir, daß diese Bettlerin auch eine Kräuterfrau sein kann, ein armes Weiblein, das sich mit verschiedenen Tränklein auskennt, eine Frau, die die Beziehung zur Natur und eben zur verwandelnden Kraft der Natur und des Natürlichen kennt. Von dieser verwandelnden Kraft spricht auch die Bettlerin, wenn sie sagt, daß aus dem Wasser, mit dem die Königin sich gewaschen hat, zwei Blumen wachsen werden. Das mutet recht phantastisch an und soll wohl auch so anmuten. Es braucht doch recht viel Vertrauen in die Weissagung, oder aber einen starken Kinderwunsch, wenn man einen solchen Rat offenbar ohne größere Widerstände beherzigt.

Geht es vielleicht nur darum, daß die Königin von der Bettelfrau etwas annimmt, deren Rat, daß sie ihr damit aber eine Wichtigkeit und eine Bedeutung in ihrem Leben gibt und sie damit – wenn wir sie als verdrängten Persönlichkeitszug der Königin sehen – von nun an ein wenig in ihr königliches Selbstbild integriert? Damit wäre natürlich die ganze Lebenssituation der Königin verändert. Oder wollen wir dem Rat der Bettlerin in sich eine symbolische Bedeutung beimessen?

Das Akzeptieren eines Persönlichkeitszuges, den man bisher zu verachten müssen glaubte, ergibt ja immer ein neues Selbstbild und einen Zuwachs an Vitalität: man wird realistischer, wenn man seine Schattenseiten sieht, dadurch aber auch kraftvoller; hier bestimmt auch bodenständiger, dem Emotionellen, Wilden näher. Das Wachsen der Blumen könnte dann bei dieser Interpretation mit dem Wachsen von Hoffnungen und von Ahnungen verglichen werden, die mit solchem erneutem Zulassen alter eigener Seiten verbunden sind. Man kann diesen Rat aber auch noch stärker symbolisch verstehen: man kann das Waschen als einen Reinigungsritus sehen, in dem die Königin zugleich die alte Eva in ihr (Taufe als «Ersäufen des alten Adam») abwäscht, ihre Wandlung also zelebriert, und dann das Wasser dem Boden, der Mutter Erde letztlich, zurückgibt.

In dem Rat der Bettlerin ist auch ein neuer Bezug zur Körperlichkeit mitgemeint. Wenn die Königin sich in zwei Schüsseln waschen muß, dann muß sie auch ihren

Körper, vielleicht sogar den Körper ihres Mannes zur Kenntnis nehmen. Das Wasser unter dem Bett dürfte als «Schweinerei» auch dem Schmutzcharakter der Sexualität entsprochen haben und müßte mitakzeptiert werden.

Die zwei Schüsseln unterstreichen die Dominanz der Zahl Zwei in diesem Märchen. Das verwundert nicht, ist es doch von der Anlage her ein Märchen, in dem «schönes» Weibliches und «garstiges» Weibliches einander gegenübergestellt werden und miteinander verbunden werden sollen. Die Zahl Zwei ist die Zahl der Polarität, wobei jeder Pol Spiegel des andern sein kann, und das wäre ein Bild für den Prozeß der Bewußtwerdung, aber auch für das Autonomwerden.

In den zwei Blumen sind natürlich die beiden Mädchen vorweggenommen: da ist die eine hell und schön – sie soll gegessen werden –, die andere aber häßlich, garstig, mit schwarzen Blättern, wie sie ist, die soll die Königin stehen lassen.

Verbote werden im Märchen immer gegeben, damit man sie übertritt. Vom Autonomiestreben her gesehen ist das sehr sinnvoll: dadurch, daß der Märchenheld oder die Märchenheldin zu sehr eingeengt werden, werden sie zugleich herausgefordert, einen Schritt in eigener Verantwortung zu tun, der weit über das hinausgeht, was sie üblicherweise tun würden. Das Märchen zeigt dann zwar, daß dadurch Probleme entstehen, daß aber gerade diese Probleme das Wesentliche am neuen Weg sind, den neuen Weg überhaupt erst ausmachen. Eine Versuchssituation zur Entwicklung von mehr Autonomie ist also, Verbote zu geben, die schwer einzuhalten sind, weil sie, wie hier, mit der Gier – oder wie in andern Märchen etwa mit der Neugierde kollidieren.

Natürlich ißt die Königin beide Blumen, überzeugt davon,

daß es, wenn es schon nichts nützt, auch nichts schadet. Hier zeigt sich ihre wahre Gestalt: sie ist ein wenig gierig und ziemlich bedenkenlos, eine unkomplizierte Natur, die haben will, was es gibt.

Erst diese Gier führt dazu, daß sie wirklich zwei Kinder zur Welt bringt, daß das ganze Problem – in seiner Gegensätzlichkeit – wirklich ausgetragen wird. Hätte sie gehorcht, sie hätte «bloß» eine schöne Tochter bekommen. Dieses Märchen zeigt eindrücklich, wie unsere Schattenseiten, wenn wir sie zulassen, zur Weiterführung des Prozesses drängen. Im Schatten, in den von uns vom Leben ausgesperrten Persönlichkeitsaspekten, liegt die Kraft, uns ins Leben zu verwickeln. Gier ist meistens dort zu finden, wo die Fülle des Lebens nicht mehr erlebbar ist. In der Gier drückt sich eine Sehnsucht nach der Fülle aus, die man aber nicht zulassen kann, sondern deren man sich bemächtigen muß, weil die Hoffnung auf eine Zukunft fehlt, die das Ersehnte bringen kann. Wir wissen ja, daß zu wenig Leben am Königshof war.

Wir wissen natürlich auch, daß mit diesen ertrotzten Kindern immer eine Schwierigkeit verbunden ist, daß ein langer Erlösungs- und Entwicklungsprozeß stattfinden muß (vgl. Hans mein Igel [4], das Eselein, der Kalberlkönig [5], wo diese ertrotzten Kinder jeweils mit einer Tierhaut auf die Welt gekommen sind). Denn nicht der Sinn der Kinderlosigkeit wird ergründet und das entwickelt, was fehlt, um Kinder zu bekommen, sondern das Kind wird ertrotzt, koste es, was es wolle.

Die Königin bringt denn auch ein Kind zur Welt, das garstig und häßlich ist – wie die Blume mit den schwarzen Blättern –, mit einem Rührlöffel in der Hand, auf einem Bock reitend. Und nicht genug: es ruft auch gleich: Mama! Der Sprachschatz des Neugeborenen ist aber noch bedeu-

tend reicher, es vermag die Mutter sofort zu trösten, indem es ihr noch ein schöneres Kind verspricht.
Zottelhaubens Auftritt in dieser Welt ist beeindruckend: ganz im Stile der frühreifen Hexentöchter, die wir aus verschiedenen Märchen kennen, die zum Beispiel vier Wochen nach der Geburt sagen können, sie müßten jetzt aufstehen und arbeiten, sie hätten Eile (wie im finnischen Märchen: Bekennst du?), spricht auch Zottelhaube schon gleich bei der Geburt und ist zudem noch einfühlend. Sie versteht das Entsetzen ihrer Mutter über ihr Aussehen, vertröstet sie und zeigt in ihrer Art auch einen besonderen Optimismus. Auch sie ist dafür, daß man sich nicht zu viele Sorgen machen soll – vergleichbar der Mutter, als sie die beiden Blumen aß. Das ist für eine Entwicklung zur Autonomie sicher auch wichtig: wer sich zu viele Sorgen macht, zu viel Angst hat, der kommt gar nicht dazu, etwas zu realisieren. Autonomie ist ja letztlich nicht nur eine Sache des Denkens, sondern vor allem auch des Handelns.
Die Attribute, die Zottelhaube beigegeben sind, sagen etwas über ihr Wesen aus, das so sehr ihren Weg bestimmt. Zunächst wird der Rührlöffel in der Hand erwähnt: es scheint, als wäre der Rührlöffel ihr Szepter, mit dem sie regieren, jederzeit auch zuschlagen, aber vor allem ganz schön im Leben herumrühren kann. In diesem Rührlöffel zeigt sich ein Potential an Angriffigkeit, das an sich konstruktiv zu gebrauchen ist, aber natürlich auch zweckentfremdet eingesetzt werden kann. Im Bock tritt uns zunächst das Bockige entgegen, das Widerborstige, ein Symbol auch für die forcierte Autonomie, die sich im Trotz zeigen kann. Zottelhaube reitet aber auch auf dem Bock, ist dadurch also bereits ein Stück autonom, wie es sich ja auch im Beherrschen der Sprache zeigt.
Das Beherrschen der Sprache ist ein wichtiger Schritt in

der Entwicklung zur Autonomie eines Kindes. Und nicht nur des Kindes: ausdrücken zu können, was uns bewegt, unseren Standpunkt zu formulieren, ist ein Aspekt unserer Autonomie, grenzt uns ab, verwickelt uns in Auseinandersetzungen und bringt uns in Beziehung. Solange wir sprechen, haben wir auch die Hoffnung, gehört zu werden, drücken wir damit aus, daß wir an eine uns auch mittragende menschliche Welt glauben.

Zottelhaube ist also geradezu erschreckend autonom von Geburt an. Sie weiß, was geschehen wird, und sie scheint ihr Schicksal entschlossen anzupacken; abhängig aber ist sie von ihrer Aufmachung, die natürlich auch ihr Wesen ausdrückt.

Nun haben wir hier natürlich ein Märchen vor uns, und eine Absicht des Märchens ist es immer wieder, uns zu zeigen, daß es ganz wunderbare Verwandlungen gibt, daß Dinge, die wir nie für möglich halten, eben doch möglich sind. Insofern will das Märchen auch einfach Mut machen, will in uns jene Hoffnungen freilegen, die auf wunderbare Verwandlung vertrauen, letztlich auf schöpferische Veränderung. Das haben wir mitzubedenken, wenn wir Zottelhaube vor uns haben. Sie muß in ihrem Autonomieaspekt überzeichnet werden, damit ihr Verwünschtsein sichtbar wird, die Spannung zwischen der Autonomie und ihrer Abhängigkeit, aber auch die Kraft, diese zu überwinden, die hier in der Autonomie gezeigt wird.

Der Bock als Reittier, das sie offenbar beherrscht, denn im Märchen steht nie etwas davon, daß der Bock mit ihr durchginge, erinnert im Zusammenhang mit dem Julfest und den Trollweibern an den Julbock. Das Julfest, das das Märchen anspricht und das zu Weihnachten gefeiert wird, war ein Hauptfest der Germanen zur Winterszeit, ein Toten- und Fruchtbarkeitsfest. Es wird mit der Wintersonnwende in Zusammenhang gebracht. Das wäre im Blick auf unser Märchen symbolisch sehr stimmig, ginge es doch dann darum, daß die Sonne auf die aufsteigende Bahn geschickt würde, also symbolisch den Tod überwunden hätte. Jul gilt als die Zeit, in der der Ring des Jahres sich schließt, in der die wilde Jagd durch die Gegend braust, Wotan umgeht, auch Gespenster und Tote, die Zeit, in der große Festgelage stattfinden, in der man aber auch die Zukunft offen vor sich liegen sieht. Alle Ungeheuer der Tiefe werden frei, erschrecken, treten zum Kampf gegeneinander an – und doch geht aus dieser Welt des Chaos eine neue Welt hervor, das neue Jahr (6). An diese Julfeier erinnern in nordischen Gegenden das Julbrot und eben der Julbock.

Mit diesem Reiten auf dem Julbock zeigt sich, daß Zottelhaube auch den Mächten der Tiefe angehört, auch ein wenig die Tochter der Trollweiber ist, mit denen sie sich dann schlägt. Der Julbock würde aber auch zeigen, daß die Zeit des Umschwungs sehr nah ist, denn intrapsychisch ist die Wintersonnwende Symbol dafür, daß der Tiefpunkt mit allen emotionellen Verstrickungen, mit aller Düsternis, aber auch mit den besonderen Einsichten, überschritten ist, daß neue Hoffnung da ist, daß es aufwärts geht!

Zottelhaube, schlampig und häßlich, hat auch noch eine Kappe, die ihr in Zotteln ums Gesicht hängt. Diese Kopfbedeckung gibt ihr auch den Namen. In dieser Kopfbedeckung muß noch einmal ihr Wesen angesprochen sein. Sie zeigt sich «zottelig», wild, schlampig, wenig kohärent vielleicht auch, weil verschiedene Zotteln im Wind fliegen. Die Haube, die etwas verbirgt, entbirgt natürlich ihre gegenwärtige Erscheinungsform. Damit ist aber wiederum angedeutet, daß Zottelhaube verwandelt werden wird. (Das Schneiden der Haare, also auch eine Veränderung der natürlichen Kopfbedeckung, gehört zu vielen Einweihungs- und Initiationsriten.)

Wäre Zottelhaube ein normales menschliches Mädchen, dann hätte man sich wohl ein eigenwilliges, eigensinniges Mädchen vorzustellen, bockig, wenn es sein muß, immer in Bewegung, kaum beeinflußbar, eigensinnig auf seiner Schlampigkeit beharrend, zudem aber sehr klug, was es natürlich noch unbeeinflußbarer macht, und hinter dieser Zotteligkeit wäre Trauer verborgen. Es wäre ein Kind, das seine Autonomie durch sogenanntes Ungezogensein dokumentiert, das auch seine Schwächen entschlossen für seine Ziele einsetzt und sie damit natürlich zu Stärken macht, aber nicht, weil es will, sondern weil es nicht anders kann. Die ungelebte Seite der Mutter bestimmt seinen Mutterkomplex und damit auch sein Wesen aufs deutlichste. Es muß ins Leben integrieren, was seine Mutter nicht leben konnte. Dieses ungelebte Leben drängt sich dadurch ins Leben.

Zottelhaube ist sehr gegensätzlich zur Mutter, die sie ja auch nicht akzeptiert, von ihr nichts wissen will, und sie muß diese Gegensätzlichkeit betonen. Auch beim Vater scheint sie keine Stütze zu finden. Er tritt gar nicht auf. Zottelhaube lebt nun aber nicht autistisch – sie hat eine Beziehung zu ihrer Schwester. Extrem forcierte Autonomie kann ja wie Autismus wirken: jemand gebärdet sich so autonom, daß er überhaupt keine Beziehungen mehr haben kann und will. Das ist natürlich keine Autonomie, Autonomie erweist sich erst in der Spannung zwischen Abhängigkeit und Selbständigkeit.

Die beiden Schwestern sind unzertrennlich, sie gehören zusammen. Natürlich kann man auch so deuten, daß die zwei Schwestern zwei Seiten *eines* Menschen verkörpern, die eine Seite wäre dann makellos, ganz wunderschön und angepaßt, aber in großer Abhängigkeit und auch langweilig, die andere Seite indessen wäre entsprechend schlampig, zottelig, autonom, aggressiv, lebendig.

Aber auch die Spannung zwischen Abhängigkeit und Autonomie kann man in den beiden Schwestern bildhaft aufgefaltet sehen: «schön» wird das Mädchen genannt, das der Norm entspricht, das zu Hause bleibt, in der Abhängigkeit verharrt, dafür aber auch farblos ist, das autonome Mädchen hingegen wird als garstig geschildert. Und sind wir nicht immer auch in Gefahr, brave, sogar gehemmte Kinder als besonders nett, autonome Kinder aber letztlich doch als «häßlich» anzusehen?

Darin drückt sich unsere Angst vor der Autonomie aus, die immer Umtriebe und Trennungen mit sich bringt und uns ständig auch um Macht bringt. Im Märchen heißt es sogar, daß dieses Autonome aus dem Bereich der Kobolde kommt, aus dem Bereich der Trolle, also letztlich aus einer Schicht des Unbewußten, die uns schwer zugänglich ist und die wir oft fürchten: aus einer Welt, die in sich auch eine Autonomie hat, jetzt aber in dem Sinne, daß sie einbricht, wann es ihr gefällt, daß sie durch unsere bewußte Absicht schwer zu steuern ist. Diese Qualität des Autonomen verbinden wir mit der Gefahr, von etwas – meist von einer Emotion mit den damit verbundenen mehr oder minder stereotypen Verhaltensmechanismen – weggetragen zu werden, also Opfer einer Autonomie zu werden, die nicht die unsere ist.

Das spielt sich natürlich auch in Beziehungen ab: wir erschrecken, wenn mit uns verbundene Menschen plötzlich einen Autonomieschub haben, sie kommen uns getrieben vor. Oft fragen wir uns, was «zum Teufel» in ihn oder in sie gefahren ist. Wir werden auch leicht Opfer von autonomeren Menschen, wenn diese autonom und sicher das tun, was ihnen für sich und für die Situation richtig erscheint. Um nicht Opfer zu werden, muß man, wenn man mit autonomen Menschen umgeht, schnell auch eigene Autonomie entwickeln.

Würden wir die beiden Mädchen als Persönlichkeitszüge einer Person sehen, dann ginge es natürlich darum, die beiden in ihnen dargestellten Verhaltensweisen in bezug auf Autonomie zusammenzubringen, so daß sie weniger auf das Entweder-Oder-Prinzip angewiesen blieben, das ja offenbar die Ausgangssituation dieses Märchens geprägt hat (Königin-Bettlerin).

Ein wesentlicher Schritt in der Angleichung der beiden Schwestern bringt der Weihnachtsabend: da halten die Trollweiber, die hier auch Trollhexen genannt werden, ihre Julfeier. Dämonen beiderlei Geschlechts werden Trolle genannt. Sie können in Riesen- oder Zwergengestalt auftreten (7). Ninck sagt von den Trollen, daß sie der Kraftsteigerung und Verwandlungsfähigkeit des Berserkers andauernd teilhaftig geworden seien (S. 46). Das Berserkertum beruht darauf, daß durch das Sich-Gestatten einer großen Emotion ein Mensch ungeheure Kräfte entwickeln und sich dadurch auch stark verändern kann – wie wir es von jenen Situationen her kennen, in denen wir von einer starken Emotion erfaßt werden. Von jemandem, der von einer heftigen Wut oder auch von einer heftigen Freude, von starker Liebe, von Begeisterung ergriffen ist, sagen wir, er sei «außer sich», er transzendiert also seinen «normalen» Zustand – und das verändert ihn. In diesem «Außer-sich-Sein» zeigt sich auch eine bedeutend größere Energie, als wir sie üblicherweise zur Verfügung haben. Nach diesem Außer-sich-Sein bleiben wir dann allerdings auch meistens erschöpft zurück. Der nicht von der Emotion Erfaßte steht diesem Vorgang oft kritisch gegenüber; die Veränderung

eines ihm anders bekannten Menschen kann oft schlecht eingeordnet werden und bewirkt dadurch Angst.
Die Verwandlung durch die Emotion, das Ergriffensein durch die Emotion, ist eine wunderbare menschliche Möglichkeit, die, wie jede Möglichkeit, die uns über uns hinausträgt, auch die Gefahr eines Absturzes in sich birgt. Dieses Ergriffensein kann sich in konstruktiver oder destruktiver Weise auf das Leben auswirken. Die Trollweiber wirken destruktiv. Trolle stehen also für das wilde, mitreißende Emotionale, das unsere Kräfte steigert und uns dadurch verwandelt.
Dieses Erfaßtsein von Emotionen zeigt das Märchen, indem es die Hetzjagd, den Lärm und den Trubel beschreibt: alle Elemente sind hier entfesselt – Symbol für chaotischen Untergang, aus dem heraus dann das Neue geboren werden muß: das neue Jahr, die neue Lebenssituation, zu vergleichen auch einer menschlichen Situation, in der sich die Konflikte alle zugleich konstellieren, in der man von den widersprechendsten Strömungen ergriffen wird und chaotische Emotionen hat, bis man sich plötzlich in eine neue Situation versetzt sieht, die sich herauskristallisiert hat und in der Ruhe einkehrt.
In diesem Jagen mit den Trollhexen wird noch einmal die Spaltung am Königshof und damit die Abgrenzung vom Wild-Emotionalen deutlich: alle andern bleiben im Haus, um die Türen auch noch besonders gut verriegeln und auf die Schwester aufpassen zu können; Zottelhaube aber «wollte und mußte» hinaus. Sie will – sie muß aber auch. Es ist nicht nur ihr freier Entschluß, sie muß sich auch unter die Trollhexen mischen, sie muß sich mit ihnen auseinandersetzen. Diese Auseinandersetzung mutet zunächst sehr spielerisch an. Es geht wohl eher um ein Mitmachen, um ein Bekennen zu dieser wilden emotionellen Seite.

Jetzt wird aber die schöne Schwester auch miteinbezogen; die saubere Spaltung kann nicht mehr aufrechterhalten werden; der schönen Schwester wird der Kopf abgerissen und ein Kalbskopf aufgesetzt. Nicht etwa nur eine Kalbshaube, sondern ein richtiger Kalbskopf. Damit gerät sie auch in den Einflußbereich der Trollweiber, ist ihrerseits verzaubert.

Das Kalb gilt als Symbol der Unbekümmertheit, des Ungestümen. «Das Kalb machen» bedeutet im Schweizerdeutsch: einen lustigen Scherz machen. Wenn man von jemandem sagt, er sei ein «Kalb», dann ist er nicht ganz ernst zu nehmen, als einer zu sehen, der andere und sich selber gerne etwas verulkt.

Die schöne Königstochter mit dem Kalbskopf brüllt; auch sie wird lebendig, kaum ist sie von dieser Trollwelt erfaßt – aber dafür ist sie nun auch ein Monstrum.

Nun muß aber auch etwas geschehen. Es ist, als wäre jetzt der Moment gekommen, wo wirklich mit dieser Trollwelt gerungen werden muß: so, wie man Eigenheiten an sich lange duldet, bis sie auf ein Gebiet übergreifen, hier auf die Beziehung zu einem geliebten Menschen, wo einem die Störung nicht mehr gleichgültig ist. Dann ist der gute Moment, sich damit ernsthaft auseinanderzusetzen.

Der Moment ist auch im Märchen günstig. Wintersonnwende: Die Zeit also, in der sich die dunklen Mächte tummeln und sich breitmachen, ist vorbei, ihre Kraft im Schwinden begriffen, so wie nach einer emotionellen Verwirrung mit Ausbrüchen kaum so schnell ein nächster Ausbruch kommen wird: da kann man am Problem arbeiten. – Zottelhaube macht sich auf den Weg.

Sie will die Schwester erlösen: jetzt ist das Problem *ganz* sichtbar geworden, es ist «herausgekommen», jetzt muß und kann die gegenseitige Erlösung stattfinden. Zottelhau-

be verlangt vom König ein Schiff ohne Mannschaft und letztlich muß man ihr zu Willen sein.
Hier wiederum zeigt sie sich als ein Wesen zweier Welten, wiederum gerät sie auf fast magischem Wege an das Ziel ihrer Reise, wirkt autonom in ihrem Entschluß, so wie wir auch menschliche Autonomie verstehen, ist aber unterstützt von einer Sphäre, die wunderbar und daher auch etwas unheimlich bleibt.
Jetzt erst setzt die wirkliche Auseinandersetzung mit den Trollhexen ein: Zottelhaube weiß zunächst sehr wohl, wo diese zu finden sind, vielleicht waren sogar die Hexen selbst die heimliche Mannschaft dieses Schiffes. Damit will ich sagen, daß Zottelhaube einerseits durchaus von diesen Trollweibern mitbestimmt ist, in Abhängigkeit zu diesen Trollweibern steht – was man auch als Abhängigkeit von ihrem speziell gefärbten Mutterkomplex sehen könnte (durch das, was die Mutter nicht gelebt hat) –, andererseits aber eben gerade eine kleine Möglichkeit der Abgrenzung hat, um sich von den Trollweibern zu unterscheiden und sich auch von ihnen zu trennen. Hier wird sehr deutlich, wie Autonomie intrapsychisch sich manifestieren kann: gepackt von inneren Mächten – und das sind wir in einem gewissen Sinne immer –, gezeichnet, aus-gezeichnet und bestimmt von ihnen, haben wir die Möglichkeit, gerade mit den Kräften, die sie in uns geprägt haben, uns auch von ihnen abzusetzten.
Zottelhaube zeigt modellhaft, wie das vor sich zu gehen hat: Zunächst faßt sie einen Entschluß, von dem sie nicht mehr abweicht, den sie aggressiv verteidigt. Dann holt sie von den Trollhexen den Kopf der Schwester zurück, eventuell ihre schöne Seite, die sie sich nicht auf Dauer stehlen läßt, sie beharrt auch auf ihrer schönen Seite. Dann muß sie sich mit der Kraft ihres Bockes mit den Trollhexen aus-

einandersetzen. Der Bock knufft und stößt mit den Hörnern, sie schlägt mit dem Rührlöffel. Sämtliche aggressiven Mittel werden eingesetzt, um diese Trollhexen in Schach zu halten, um sie nicht übergreifen zu lassen. Sie hält sie mit einer aggressiven Anstrengung von sich und von der Schwester fern – und der Trollschwarm ist besiegt.
Sie lässt sich nicht mehr mit diesen Trollhexen ein, sie grenzt sich aggressiv ab, so wie man sich von destruktiven Stimmungen und Launen abgrenzen muß und es auch tut, wenn man einmal erkannt hat, wie destruktiv sie sind, wie sehr sie einem schaden. Dadurch ist wirklich ein Stück Autonomie gewonnen, werden doch jetzt die Trollweiber sich kaum so schnell wieder hervorwagen.
Der Erfolg dieser Aktion zeigt sich darin, daß die Schwester wieder ein Mensch ist, oder subjektstufig, daß Zottelhaube nicht nur häßlich, sondern auch in ihrer schönen Seite wiederhergestellt ist. Der Erfolg zeigt sich auch darin, daß die beiden weit, weit fort in ein fernes Königreich fahren können (die Trollweiber halten sie nicht zurück), weit weg von der Gegend, in der die Trollweiber ihr Unwesen treiben. Besser ist besser. Wenn man sich mit der eigenen Destruktivität auseinandergesetzt hat, dann ist es auch sinnvoll, die Versuchungssituationen zu meiden, zu vermeiden, daß man zu leicht wieder in eine Situation kommen könnte, in der man destruktiv werden kann.
Jetzt, da die Trollweiber besiegt sind, kann auch die Verwandlung von Zottelhaube eingeleitet werden, denn jetzt sind ihre Attribute, die sie als Gezeichnete durch die Trollwelt ausweisen, nicht mehr notwendig.
In diesem fernen Königreich wohnt ein König, der Witwer ist und einen Sohn hat. Noch einmal zeigt sich Zottelhaube in ihrer bockigen, etwas windsbrautmäßigen, zotteligen Gestalt: sie lockt damit den König an, denn auffällig

genug ist ja ihr Gebaren. Es ist bemerkenswert, daß die schöne Schwester schließlich mit dem alten König verheiratet wird, Zottelhaube aber mit seinem Sohn, daß sie also mit ihm das neue Königspaar bildet, das für die Zukunft wegweisend sein wird.

Bedeutet das, daß die Schwester, die ja eindeutig weniger autonom ist, nicht taugt für eine neue Modelleinstellung der Beziehung zwischen Mann und Frau? Oder sollen wir die schöne Schwester als das alter ego (andere Ich) von Zottelhaube auffassen, die ihr noch immer nicht verbunden ist, und die die Verbindung zum Vater, die ja auch immer gefehlt hat in diesem Märchen, realisiert?

Natürlich ist bei dieser Verbindung ein Trick dabei: Zottelhaube würde niemals vom König geheiratet werden. Sie braucht ihre schöne Schwester, damit auch sie geheiratet wird: Man kann ihre schöne Schwester nur bekommen, wenn man sie auch nimmt. Und das dürfte auch die Interpretation sein: die strahlende Frau bekommt man nur, wenn man die bockige, häßliche, schlampige Frau, die mit der Trollwelt in Verbindung stand, ein Kobold ist, also letztlich sicher nicht durchschaubar, auch nimmt. Sie will auch in ihrer Schwäche angenommen werden, in ihrer Bockigkeit, nicht nur in ihren schönen, strahlenden Seiten. Insofern bringt sie die beiden Seiten des Weiblichen in die Beziehung ein.

Auf dem Kirchgang vollzieht sich die entscheidende Verwandlung. Es ist leicht, sich in den Königssohn einzufühlen, der, so ganz und gar nicht autonom, sich einer Frau gegenübersieht, die er schrecklich findet.

Zottelhaube bringt nun ihre eigene Erlösung in Gang; sie brauchte zwar den Prinzen als Gegenüber, der sich auch mit ihr verheiraten will, ihr eine minimale Akzeptanz und eine gewisse Sicherheit gibt, um mit ihm ihre problematischen, ihre häßlichen Seiten ansprechen zu können, um diese aber zugleich, indem sie angesprochen werden, auch in ihren schönen Aspekten zu begreifen. Sie selber zeigt schon durch die Sprachform, die sie verwendet, wieviel angesprochen werden darf. «Warum sagst du nichts?», das ist die Aufforderung, mit ihr Kontakt aufzunehmen. «Was soll ich sagen?», das ist von ihm her das Angebot, sie entscheiden zu lassen, was sie angesprochen haben will. Der Prinz gesteht ihr hier die Autonomie zu. Zottelhaube wiederum teilt mit, was angesprochen werden darf: zunächst der Bock. Indem das Problem angesehen wird, wohl auch zum erstenmal beim Namen genannt wird, kann es von Zottelhaube nun auch anders gesehen werden, kann es umgedeutet werden. Es ist ja nichts an uns so schwierig, daß es nicht auch gute Aspekte hätte, oder anders ausgedrückt: das, was wir nicht akzeptieren, sehen wir als häßlich an. Es geht bei dem nun möglich gewordenen Umdeuten darum, die Stärken zu sehen, die in einer Schwäche liegen, das verhinderte Licht im Schatten. So kann etwa Sturheit auch als Beharrungsvermögen, als die Kraft gesehen werden, etwas konsequent durchzuziehen. Wenn wir Sturheit so sehen, dann fällt es uns vielleicht leichter, uns jeweils zu entscheiden, wo diese Kraft ihren legitimen Platz haben könnte und wo sie vielleicht lächerlich wäre.

Zottelhaube bestimmt also den Rahmen, in dem die Probleme angesprochen werden dürfen, gibt aber dem Prinzen auch die Chance, die richtige Frage zu stellen. Wir kennen dieses Sprachspiel aus dem Alltagsleben dort, wo wir einander fragen: «Weißt du was?» – «Was soll ich denn wissen?», und dann, vielleicht mit einem Umweg weniger als im Märchen, auf das Thema zu sprechen kommen. Es ist dies ein Sprachspiel, das wir dann anwenden, wenn wir uns unsicher fühlen, entweder über das Thema, das wir zur Sprache bringen wollen, oder darüber, ob der Partner auch wirklich ansprechbar ist. Wir wollen ihn/sie und uns dann mit diesem Sprachspiel in die Situation des Ansprechbar-Seins bringen.

Diese Form des Ansprechens und Umdeutens ist aber auch in der Therapie von größter Wichtigkeit: Nehmen wir an, wir hätten eine solche «Zottelhaube» in Therapie, wir hätten die Aspekte des negativen Mutterkomplexes gesehen, die damit verbundene Emotionalität als Kraft und als Problem erkannt und «Zottelhaube» dazu gebracht, sich von ihrer eigenen Trollseite, von der Freude an der Destruktion etwa, zu distanzieren, dann wäre es sehr wichtig – gerade auch im Dienste der Autonomie der Analysandin –, daß die Probleme, die mit diesem Trollweiberkomplex zusammenhängen, nicht vom Therapeuten oder der Therapeutin direkt angesprochen werden, sondern daß die Analysandin selbst formuliert, welchen Teilbereich des Problems sie angesprochen haben möchte, und daß sie ihn – falls es ebensogut läuft wie hier im Märchen – dann auch umdeuten lernt, so daß ein neues Selbstbild entsteht.

Zottelhaube spricht also zunächst den häßlichen Bock an: Er ist das schönste Pferd, auf dem eine Braut je geritten ist. Bei all diesen Verwandlungen und Umdeutungen fällt auf, daß die bisherigen Attribute, die der rauhen Welt ihres Kampfes angepaßt waren, jetzt zu Dingen werden, die in der Welt der Liebe eine Rolle spielen. Ihr Reittier ist jetzt ein edles Pferd; sie bleibt autonom, aber wohl weniger bockig, der Situation angepaßt, wenn auch immer noch besonders, denn sie reitet auf dem schönsten Pferd. Der häßliche Kochlöffel verwandelt sich in einen Silberfächer. Nicht mehr umrührend und hornstoßend wird sie Kontakt aufnehmen, sondern auf eine spielerische, kokette Weise. Die häßliche graue Haube wird zur blankesten

Goldkrone, die eine Braut nur haben kann. Was Ausdruck für ihre Zotteligkeit und ihre Zugehörigkeit zum Trollbereich war, wird jetzt zum Ausdruck großer weiblicher Souveränität und Autonomie, die sie auch befähigen, in eine Beziehung zu einem Menschen zu treten.

Und jetzt kann sie von sich sagen, daß ihre Schwester zwar schön, daß sie selber aber noch zehnmal schöner sei. Sie ist jetzt verwandelt, hat diese Verunstaltung, die ihr Lebensproblem war, überwunden.

In bezug auf die Autonomie zeigt uns dieses Märchen zunächst, wie eng Aggression, Destruktion und die Wege zur Autonomie zusammenhängen, aber auch, wie das, was wir autonome Komplexe nennen (8), die uns ja gerade in unserer Ich-Autonomie stören, uns prägen und die Kräfte in sich haben, die wir brauchen, um wirklich autonom zu werden, um uns also auch immer wieder von ihrem Einfluß soweit wie möglich zu befreien. Es gehört aber dazu, daß wir uns ins Problem verwickeln lassen und dann einen Erkenntnisschock bekommen, der uns dazu führt, uns vom Destruktiven zu distanzieren. Es gehört weiter dazu, daß wir in einer Atmosphäre des Angenommenseins – und das ist natürlich wiederum eine Abhängigkeit – unsere Probleme nach und nach ansprechen können; auch das ist eine Form von Autonomieentwicklung, die wenig spektakulär, aber wesentlich ist.

Zottelhaube ist ihre Verzauberung losgeworden, durch eine Entwicklung größerer Autonomie gegenüber ihren sich destruktiv auswirkenden emotionalen Seiten. Durch ihren exemplarisch durchgetragenen Autonomieschritt dürfte sich das Bild des Weiblichen – sie wird ja Königin und dadurch Vor-bild – gewandelt haben. Das Wild-Emotionelle, damit aber auch das Naturhafte, muß nun nicht mehr stören, sondern kann lebensfördernd wirken.

DIE BLUME DES GLÜCKS

Es war einmal ein altes Mütterlein, das mit ihrem einzigen Sohne in tiefster Armut lebte. Als die Mutter im Sterben lag, weinte sie sehr über ihren Sohn und sprach: «Mein lieber Sohn, geh in die Welt und suche dein Glück; ich werde bald sterben, und dann hast du hier im Dorfe niemanden, der für dich nur ein gutes Wort hätte, denn du bist armer Leute Kind! Wenn du mich aber begraben hast, so komme um Mitternacht zu meinem Grabe und pflücke die Blume, die über mir wachsen wird, und achte auf sie wie auf dein Augenlicht, denn sie wird dir den Weg zu deinem Glück zeigen.» Bald starb das Mütterlein, und der Sohn begrub es. Als es Mitternacht wurde, ging er hinaus auf den Friedhof und sah auf dem frischen Grabe seiner Mutter eine wunderschöne blaue Blume blühen. Er pflückte sie ab und legte sie sorgsam in seine Tasche. Am nächsten Tage zog der Jüngling in die Welt und begegnete einem hinkenden Wolf, der ihn bat: «Lieber Mann, ziehe mir die Kugel aus dem Bein!» Der Jüngling tat es, und der Wolf sprach: «Ich kann dir vorläufig deine Güte nicht vergelten, aber zieh mir ein Haar aus, und wenn du einmal meine Hilfe benötigst, so hauche das Haar an!» Hierauf zog der Jüngling dem Wolfe ein Haar aus, steckte es in die Tasche zur blauen Blume und zog weiter in die Welt. Er wanderte schon lange Zeit in der Welt umher und fand nirgends sein Glück. Da erinnerte er sich der Worte seiner sterbenden Mutter und nahm die blaue Blume aus der Tasche. Er legte sie mißmutig auf die Erde nieder und siehe! Da erhob sich die Blume in die Luft und sprach: «Komm und folge mir! Niemand sieht mich, nur du allein kannst mich sehen, darum folge mir getrost nach, ich will dich zu deinem Glück führen!» Die Blume schwebte nun vor dem Jüngling her, der ihr überall nachfolgte. Gegen Abend kamen sie in einen Wald, und da sah der Jüngling einen Fuchs, der sprach: «Lieber Mann, eine Wespe ist mir in das Ohr gekrochen und verursacht mir große Schmerzen. Zieh mir die Wespe heraus!» Der Jüngling tat es, und der Fuchs sagte darauf: «Ich kann dir deine Güte mit nichts anderem vergelten, als daß ich dir etwas mitteile. Du suchst dein Glück, doch ehe du es findest, mußt du bei einer bösen Urme (böse Fee) dienen, bei der du eine Kuh mit goldenen Hörnern drei Tage hindurch auf die Weide führen mußt, aber du mußt wohl sorgen, daß die Kuh nicht ohne dich nach Hause komme, sonst tadelt dich die Urme. Wenn es dir gelingt, die Kuh auf der Weide zu halten, so verlange als Lohn für deinen Dienst die Kappe, die hinterm Ofen am Nagel hängt. Wer diese Kappe aufsetzt, ist jedem Auge unsichtbar.» Dies sagte der Fuchs und verschwand, der Jüngling aber ergriff die blaue Blume, steckte sie in die Tasche und legte sich nieder.

Am nächsten Tage nahm er die Blume wieder hervor, und als er sie vor sich herschweben sah, folgte er ihr nach. Bald kamen sie an ein großes eisernes Haus, und die Blume sprach: «Steck mich nun in deine Tasche und nimm mich nur dann hervor, wenn ich dich rufe!» Kaum hatte der Jüngling die blaue Blume in seine Tasche gesteckt, als sich die Tür des eisernen Hauses öffnete und eine häßliche alte Frau auf der Schwelle erschien. «Was suchst du hier?» fragte die Alte. «Ich möchte gern in Dienst treten!» entgegnete der Jüngling. – «Gut!» antwortete die Alte, «ich will dich in meinen Dienst nehmen. Du sollst meine Kuh mit den goldenen Hörnern auf die Weide treiben, doch darf die Kuh nicht ein einziges Mal vor Abend und ohne dich nach Hause rennen, denn sonst muß ich dich töten. Wenn du aber dreimal mit der Kuh nach Hause kehrst, kannst du dir aus meinem Hause das wählen und mitnehmen, was dir am besten gefällt.» – Der Jüngling war mit allem einverstanden und trieb die Kuh mit den goldenen Hörnern auf die Weide. Kaum war er auf der Wiese angelangt, als die Kuh schon nach Hause rennen wollte. Da nahm der Jüngling das Wolfshaar hervor, hauchte es an, und es kam darauf der Wolf mit vielen tausend Wölfen, welche die Kuh umringten und nicht von der Stelle ließen. Am Abend trieb der Jüngling die Kuh nach Hause und legte sich nieder. Am zweiten Tage geschah es ebenso, und als am dritten Tage der Jüngling mit der Kuh zur Urme kam, hieß sie ihn, sich etwas aus ihrem Hause zu wählen. Er wählte die Kappe und nahm sie vom Nagel herab. Doch die Urme schrie auf und wollte sie ihm aus den Händen reißen, der Jüngling aber setzte die Kappe schnell auf seinen Kopf, und so konnte ihn die Urme nicht fangen. Als er ins Freie hinausgelangte, steckte er die Kappe in seine Tasche und hörte die Blume rufen: «Nimm mich heraus!» Er nahm sie heraus und folgte nun der schwebenden Blume nach.

Tagelang wanderte der Jüngling in der Welt herum und war schon ganz verzweifelt, als er in ein Gebirge kam. Ermüdet setzte er sich nieder und hörte die Blume sagen: «Steck mich in deine Tasche!» Er tat es und legte sich in den Schatten eines Baumes. Es war schon längst Abend geworden, und der Jüngling schlief noch immer. Der Mond schien hell und beleuchtete die grauen Felsen des Gebirges. Keinen Laut konnte man hören, das ganze Gebirge lag wie tot im tiefen Schlaf. Da erscholl ein Schrei, und unser Jüngling erwachte. Als er erschreckt um sich blickte, bemerkte er eine große Kröte, die einen kleinen Mann, der nur zwei Spannen hoch war, am Fuße zerrte. Der Jüngling sprang auf und warf einen großen Stein auf die Kröte, daß sie den Mann losließ, der schnell zum Jüngling lief und ihn bat, ihn auf seinen Arm zu heben. Der Jüngling tat es und der kleine Mann sagte: «Du hast mich gerettet, aber wohin sollen wir uns nun verbergen, denn die Kröte ist eine böse Urme, die viele hundert Kröten herbeirufen wird, die uns töten werden.» Der Jüngling nahm schnell die Kappe hervor und setzte sie auf. Kaum daß er dies getan, so rückten viele tausend Kröten heran und suchten nach dem Jüngling, doch sie konnten ihn nicht sehen. Der Jüngling ging nun mit dem kleinen Mann weiter, und als sie in der Frühe an eine Höhle kamen, sagte der kleine Mann: «Setze mich auf den Boden nieder und folge mir nach. Ich will dich reich und glücklich machen.» Und er führte den Jüngling in die Höhle hinein, wo er an eine Felsenwand dreimal anklopfte und rief:

«Öffnet die Türe!
Gast ich jetzt führe,
Brüder, zu euch,
Öffnet mir gleich!»

Darauf öffnete sich eine Tür, und der kleine Mann sagte: «Verstecke deine Kappe, damit dich meine Brüder sehen können.» Der Jüngling steckte die Kappe in die Tasche, und sie traten in ein schönes, hölzernes Zimmer. Von hier gingen sie in ein eisernes Zimmer, dort waren viele silberne Flaschen aufgestellt. Darauf öffneten sie eine Tür und traten in ein goldenes Zimmer. Dort waren viele kleine Männer um einen König versammelt, der auch so klein war wie die anderen Männer und einen langen, silbernen Bart hatte. Der kleine Mann führte den Jüngling vor den König und sprach: «Mein gnädigster Herr König! Dieser Jüngling hat mich vom Tode gerettet. Die Urme, die im Gebirge wohnt, hatte sich in eine Kröte verwandelt und mich beinahe getötet.» Der König blickte auf den Jüngling und sprach: «Du hast meinem besten Diener das Leben gerettet. Nun will ich dich dafür belohnen und dir solche Geschenke geben, durch welche du glücklich wirst.» Und er riß sich aus dem Barte ein silbernes Haar aus, gab es dem Jüngling und sagte: «Wenn du in Not bist, aber nur in sehr großer Not, so hauche dieses Haar an, und ich werde mit meinem Volke erscheinen und dir helfen.» Dann führte er den Jüngling in das silberne Zimmer, gab ihm dort eine silberne Flasche und sagte: «Wenn du mit dem Wasser, das nie abnimmt, einen Stein befeuchtest, so wird er sogleich zu lauterem Gold.» Nun führte er den Jüngling zurück in das eiserne Zimmer, gab ihm dort eine Flinte und sprach: «Mit dieser Flinte triffst du alles, worauf du mit ihr zielst. Nun aber lebe wohl, denn kein Erdensohn darf länger bei uns weilen.» Hierauf führte ihn der kleine Mann hinaus und sprach: «Du wirst bald an den gläsernen Berg kommen, in welchem ein Drache die schönsten drei Jungfrauen der Welt hütet. Wenn du dort in Not geraten solltest, so ruf uns nur zu Hilfe.» Er küßte nun den Jüngling dreimal und ging dann zurück in die Höhle. Da rief die Blume: «Nimm mich heraus!» Der Jüngling tat es und folgte der schwebenden Blume nach. Gegen Abend kam er an einen See und legte sich am Ufer nieder. Kaum daß er sich ausgestreckt hatte, so erblickte er auf einmal drei goldene Gänse, die auf dem See herumschwammen. Der Jüngling ergriff rasch die Flinte und zielte auf die kleinste der Gänse, zwei flogen erschreckt von dannen, die kleinste aber verwandelte sich in eine schöne Jungfrau, die sagte: «Du hast mir meine menschliche Gestalt wiedergegeben, die der Drache auf dem gläsernen Berge mir und meinen zwei Schwestern genommen hat. Ich will gern dein Weib werden, wenn du auch meinen Schwestern die menschliche Gestalt wiedergibst.» Am nächsten Tage gelangten sie an den gläsernen Berg, in welchem der Drache mit den zwei Schwestern wohnte. Da steckte der Jüngling die Blume in die Tasche zurück, nahm das silberne Haar hervor und hauchte es an. Auf einmal erschienen viele tausend kleine Männer, deren König aber sagte: «Ich weiß, was du willst! Du möchtest in den gläsernen Berg hinein und kannst nicht. Nun, wir wollen dir ja helfen.» Darauf begannen die kleinen Männer zu hämmern, zu klopfen und zu bohren, und in kurzer Zeit brachen sie ein großes Loch in den gläsernen Berg. Als sie mit der Arbeit fertig waren, verschwanden sie ebenso rasch, wie sie gekommen waren. Im gläsernen Berg aber krachte und donnerte es, und zwei goldene Gänse flogen heraus. Der Jüngling ergriff die Flinte, zielte, und die Gänse fielen als zwei schöne Jungfrauen auf die Erde. Da aber kam auch der Drache hervor und stürmte auf den Jüngling los, doch dieser zielte mit seiner Flinte auf ihn, und der Drache verwandelte sich in Staub und Rauch, den der Wind brausend weiter führte. Als dies alles geschehen, flog die blaue Blume hervor und sagte: «Lebe wohl, mein Kind! Ich bin die Seele deiner gestorbenen Mutter, nun muß ich zurück in den Himmel, woher ich gekommen bin!» Darauf verschwand die blaue Blume, der Jüngling aber heiratete die jüngste der Schwestern, die zwei anderen heirateten auch gar bald darauf, und sie lebten nun alle glücklich, reich und zufrieden beisammen.

Dieses reiche, aber auch etwas süßliche Zigeunermärchen (9) erzählt den Weg, den ein junger Mann zurücklegen muß, der sehr nah und wohl auch etwas über die Zeit hinaus, die dafür gut ist, seiner Mutter verbunden war – einen Vater erwähnt das Märchen nicht.

Dieses Märchen behandelt eine geradezu klassische Autonomiethematik: den Weg aus der symbiotischen Beziehung zur Mutter.

Symbiose ist ursprünglich ein biologischer Begriff und meint eine eng funktionelle Beziehung zwischen zwei Organismen zu beiderseitigem Nutzen. Mahler (10) beschreibt die Phase der «normalen» Symbiose des Säuglings, etwa vom 2. Lebensmonat an, in der der Säugling sich so verhält, als wenn er und die Mutter «ein allmächtiges System darstellten – eine Zweiheit innerhalb einer gemeinsamen Grenze». Dieser Symbiosephase des Säuglings folgt die Loslösephase, innerhalb derer wieder eine Annäherung an die Mutter erfolgt, und zwar aus der Trennungsangst heraus. Loslösung meint bei Mahler das Auftauchen aus der Verschmelzung – ausgedrückt durch das Gefühl des Getrenntseins von der Mutter. Individuation meint, daß das Kind individuelle Merkmale angenommen hat und sie auch im Alltagsverhalten zeigt.

Die Entwicklung des Kindes aus der Symbiose heraus muß

aber noch anders gesehen werden: Hier bahnt sich eine Entwicklung an, die aus einem ganzheitlichen Erleben heraus, in dem es noch kaum die Polarität zwischen Bewußtsein und dem Unbewußten gibt, in ein Leben hineinführt, in dem diese Trennung wichtig wird, Anlaß zu dauerndem Konflikt, aber auch zu dauernder Auseinandersetzung und damit verbundener Entfaltung. Die Sehnsucht nach der Symbiose drückt immer auch Sehnsucht nach diesem naturhaften Ununterschiedensein aus. Wir müßten also, wenn wir den Beziehungsaspekt von Symbiose und Individuation beachten, immer auch diese Polarisierung von Unbewußtem und Bewußtsein mitbedenken – das vorliegende Märchen kann durchaus auch unter diesem Aspekt gedeutet werden.

Die Symbiose zwischen Mutter und Kind ist natürlich niemals mit einem Schlag beendet, sie setzt sich durch die Kindheit hindurch fort, wird auf die ganze Familie ausgeweitet, gerät aber auch immer mehr in ein Spannungsfeld zwischen symbiotischen Bedürfnissen und Bedürfnissen nach Autonomie.

Das Bedürfnis nach symbiotischer Verbundenheit kann sich im Lauf der Entwicklung nicht nur auf die Familie, sondern auch auf bestimmte Gruppierungen von Menschen, denen man sich ideell nahe fühlt, erstrecken: auf religiöse Gemeinschaften, auf die Heimat usw., vor allem aber richtet es sich auf Lebenspartner. Das heißt nun aber nicht, daß diese Beziehungen, in denen wir alle stehen, und die für unser Überleben sehr wesentlich sind, notwendigerweise symbiotisch sein müssen, sie können aber symbiotisch sein und führen dann zu sehr großer Loyalität im Innern der Beziehung, verbunden mit Kritiklosigkeit, und zu Aggression und Aggressionserwartung gegen außen. Der Feind wird in diesem Fall nur außen gesehen. Mit Sym-

biose wird also eine mögliche, menschliche Form des Zusammenlebens bezeichnet, die nicht kleinkindlich ist, die aber die charakteristischen Merkmale dieser Entwicklungsphase in sich trägt.
Die schrittweise Loslösung aus der Symbiose geht einher mit dem Bewältigen der Trennungsangst und dem Bewältigen von Trennung. Symbiose und Individuation sind also nicht nur Themen der Entwicklungspsychologie des Kleinkindes: was dort, recht dramatisch übrigens, ein erstes Mal angesprochen und bewältigt werden muß, bleibt ein Thema menschlicher Beziehungen, ein ganzes Leben lang. Die Notwendigkeit des Sich-trennen-Müssens und des damit immer mehr auch Man-selbst-werden-Müssens, die damit verbundene Trennungsangst, die überwunden werden muß, sind Themen, die unser Leben begleiten (11).
Der junge Mann in unserem Märchen wird in die Autonomie hineingestoßen; er ist einziger Sohn einer alten Frau, beide sind von der Gemeinschaft im Dorf ausgeschlossen. Dies zeigt schon, wie nahe Mutter und Sohn sich gewesen sein müssen: die Dorfgemeinschaft wird in entsprechendem Maß als «Außenwelt» und als feindlich gesehen. Die Aggression, die dazu dagewesen wäre, daß zwischen den beiden eine Abgrenzung und eine nachfolgende Trennung möglich gewesen wäre, wird auf die Umwelt projiziert. Auch fehlt der Vater, der die Verbindung von Mutter und Sohn hätte ergänzen und eine Verbindung zur Welt hätte schaffen können. Das Märchen sagt, daß die beiden in tiefster Armut lebten, daß sie also nicht fähig waren, sich etwas von den Gütern dieser Welt zu nehmen, daß sie aber auch ausgeschlossen waren von denen, die etwas abzugeben gehabt hätten. Geben und Nehmen war offensichtlich auf die Beziehung von Mutter und Sohn beschränkt. Beide waren isoliert, nicht in Verbindung zur Welt.

Jetzt aber kann diese symbiotische Verbindung nicht mehr länger aufrechterhalten bleiben, die Mutter stirbt. Das kann so aufgefaßt werden, daß die Mutter wirklich stirbt, und so möchte ich es in meiner Interpretation auch sehen; es kann aber auch bedeuten, daß die Mutter als Mutter für den Sohn stirbt, ihn also ausstößt, weil sie das Gefühl hat, daß er nun wirklich in die Welt hinaus muß, daß er *seinen* Weg gehen muß.

Sie sagt ihm klar, was er zu tun hat: Er soll in die Welt hinausgehen und sein Glück suchen. Er soll sich auf den Weg machen und das suchen, was ihm Glück verheißt, was seinem Leben Sinn gibt.

Jede Trennung ist eine Aufforderung und eine Chance zur Autonomieentwicklung, birgt in sich die Verpflichtung, ein wenig mehr man selbst zu werden. Diese Autonomie kann man aber nur erreichen, wenn das ins Leben integriert wird, was in der Beziehung, von der man getrennt wird, bisher ausgespart worden ist. So ist der Weg zu mehr Autonomie immer schon von dem gebahnt, was in der bisherigen Lebensphase nicht gelebt worden ist. Die Grundstimmung aber, in der man sich auf diese Wege der Autonomie macht, ist geprägt von dem, was in der Symbiose gelebt worden ist, was hier an nährendem Geborgenheitsspendendem erlebt wurde. In diesem Märchen war die Beziehung zwischen Mutter und Sohn sicher eine sehr liebevolle, wenn auch von der Mutter aus eine überfürsorgliche, damit auch ein-sperrende. Beide sperrten sich wohl gegen die Autonomieforderungen des Lebens. Denn hätte die Mutter den Ruf der Autonomie an sich gehört, sie hätte niemals ihren Sohn so lange bei sich behalten können.

Dieser Sohn hat also einen Mutterkomplex, der bewirkt, daß er wenig selbständig, mit wenig Lebenserfahrung, das

Gute hoffend, etwas blauäugig, mit viel Vertrauen und wenig Aggressivität in die Welt hinauszieht, auf seine Instinkte vertraut und annimmt, was ihm entgegenkommt. Er ist geprägt von einem ursprünglich positiven Mutterkomplex, der ihn zunehmend eingeengt hat, weil er die jeweils der Entwicklung angemessenen Autonomieschritte nicht machte oder nicht machen konnte. Die Mutter, das Bild der Mutter, die Erinnerung an die Mutter bleiben denn auch zunächst leitend auf seinem Weg.

Die Mutter weist ihn darauf hin, daß er die Blume mit sich nehmen soll, die auf ihrem Grab wächst. Es drängt sich auf, in der blauen Blume das Bild der Mutter oder die Seele der Mutter zu sehen – wie das Märchen sagt –, das ihn nun leitet. Es könnte wohl nicht jede Mutterimago im Bild einer blauen Blume dargestellt werden. Diese blaue Blume sagt etwas weiteres über diese Mutter aus.

Die blaue Blume ist seit alters her das Bild für eine Sehnsucht, die einen in die Welt hinauszieht, sie ist oft das Bild für die Sehnsucht nach der Transzendenz, der in eher schöngeistiger Weise nachgegangen wird. Sie ist das Symbol für die Romantik geworden, für das Suchen nach der schönen Seele, insofern auch für das Suchen nach dem Glück.

Diese Mutter dürfte – wenn sie in einer blauen Blume symbolisiert werden kann – ein wenig ätherisch gewesen sein, getragen von einer Sehnsucht nach Transzendenz, vielleicht auch nach Harmonie, die sie in der symbiotischen Beziehung zu ihrem Sohn gefunden haben dürfte.

Die blaue Blume könnte auch auf die Blume Marias hindeuten: damit würde diese Mutter in Zusammenhang mit der asexuellen Gottesmutter gesehen. Dieser Zusammenhang legt nochmals nahe, die Beziehung von Mutter und Sohn als eine sehr liebevolle, erlaubte zu sehen. Der sexuelle Aspekt der Liebe ist aber ausgespart, wohl unerlaubt. Autonomieentwicklung für den Sohn heißt denn auch hier, daß er den sexuellen Aspekt der Liebe mit ins Leben hereinholen muß.

Die blaue Blume muß der Sohn um Mitternacht auf dem Grab pflücken: das Märchen sagt hier deutlich, daß ein neuer Tag beginnt, ein neuer Zeitabschnitt, damit aber auch ein neuer *Entwicklungsabschnitt.* Auch hat sich in der Beziehung zur Mutter schon einiges verändert: der Sohn hat das Grab und damit den Tod der Mutter akzeptiert, die Mutter ist nicht mehr leiblich bei ihm, sondern schwebt als Blume vor ihm. Die Ablösung von der konkreten Mutter hat stattgefunden, sie wird zu einem «freischwebenden Idealbild», das ihn nun leitet. Die Geprägtheit durch den speziell gefärbten Mutterkomplex leitet ihn weiter in seinem Leben, die Blume operiert ja auch recht autonom, sie übernimmt die Regie. Zunächst aber braucht er die Blume nicht.

Kaum hat er die Mutter verlassen, begegnet er einem hinkenden Wolf, einem angeschossenen Wolf. Der Wolf ist ein Symbol für alles Wölfische in uns, das wir etwa in Zusammenhang bringen mit Gier, mit aggressivem Reißen, mit Einfallen, aber auch mit Triebhaftigkeit. An sich ist der Wolf ein scheues Tier, aber wenn er Hunger hat, dann wird er reißend. Er ist auch ein Tier, das in Rudeln lebt, als Tier des aggressiven Kriegsgottes Mars gilt er als «Verschlinger», er ist aber auch ein Begleittier der großen Mutter.

Was der junge Mann hier als erstes auf seinem Weg trifft, ist die angeschossene, verwundete Aggressivität, die Triebhaftigkeit auch, die ihm in Tiergestalt erscheint, die, da er sie noch nicht als auch zum Menschen gehörend akzeptiert, ihm noch tierisch vorkommen muß. Dem Wolf die

Kugel zu entfernen könnte also bedeuten, daß er zur Kenntnis nehmen muß, daß er bisher immer wieder seinen Wolf aus dem Gefecht geschossen, daß er seine aggressiven, triebhaften Seiten gehemmt hat, aber wohl auch, daß er «wölfisch» sein kann. Er muß sehen, daß er, gerade weil er seine Aggression kaum lebt, einerseits sehr scheu ist, anderseits auch «reißend» sein kann. Scheu müßte er sein, hat er doch kaum Erfahrungen im Umgang mit der Welt gemacht. Scheue Menschen haben oft Aggressionsdurchbrüche, die man ihnen eigentlich nicht zutraut und die oft schlecht einfühlbar, wirklich ein wenig «wölfisch» sind. Wo wir unsere Triebseiten nicht leben, sind wir verletzlich und unausgeglichen, deshalb zeigen wir ein so widersprüchliches Verhalten.

Dadurch, daß der junge Mann dem Wolf die Kugel herausoperiert, wird der Wolf wieder bewegungsfähig. Der Sohn wird also akzeptieren, daß er eine aggressive, wölfische Seite hat, und er wird dafür auch gleich belohnt. Er bekommt ein Haar, Symbol der vitalen Kraft, die ihm zu Hilfe kommen wird, wenn er das Haar anhaucht, wenn er ihm Lebensodem gibt, als Zeichen dafür, daß das Wölfische ihm jetzt zugänglich ist, wenn er es ruft, wenn er sich darum bemüht.

Damit ist auf dem Weg zur Autonomie schon recht viel gewonnen: Kräftige Hilfe im Umgang mit dem Unbekannten ist ihm sicher. Das Haar steckt er zu der blauen Blume: er ist nun nicht mehr nur auf die Blume angewiesen, er ist auch dem Wolf verbunden, der doch viel stärker ein bodennahes Prinzip verkörpert. Der junge Mann dürfte schon bedeutend realer, handfester geworden sein.

Die Weise, wie er mit dem Wolf umgeht, zeigt wiederum seine Prägung durch den Mutterkomplex: Er wendet sich selber mütterlich dem Wolf zu, fürchtet offenbar überhaupt nicht, daß der Wolf ihm auch etwas antun könnte. Der Wolf ist allerdings auch schon ein solcher, der höflich spricht; wollen wir ihn etwas pauschal als Verkörperung der, auch leicht gierigen, Aggressivität dieses jungen Mannes sehen, dann ist ihm diese Seite schon recht nahe gekommen. Hat er bloß gewartet, bis die Mutter gestorben ist, um ein wenig «wölfischer» werden zu dürfen?

Er wandert weiter in der Welt umher, findet aber nirgends sein Glück. Er ist wohl so naiv, zu erwarten, daß ihm das Glück in den Schoß fallen wird – auch das ist ein Zeichen eines ursprünglich positiven Mutterkomplexes: man erwartet, daß sich die Welt als gütige Mutter erweisen wird, daß sie einem schon geben wird, was man nötig hat. Man selber bleibt dabei natürlich ein Kind – vorerst wenig autonom.

Seine eigene Anstrengung führt zunächst aber zu nichts – da fällt ihm die Blume ein. Auch das ist wohl typisch für den Weg zur Autonomie: Solange uns etwas gelingt, können wir ein gewisses Maß an autonomem Handeln aufrechterhalten, sind wir aber entmutigt, dann übergeben wir unserem Hauptkomplex die Regie, oder er nimmt sie sich. Die Blume schwebt vor ihm her und zeigt ihm den Weg. Er denkt wohl an die Mutter, hat eine Ahnung und vor allem auch wiederum eine Sehnsucht nach dem Glück. Sehnsüchte sind wesentliche Elemente auf dem Weg zur Autonomie, Sehnsüchte ziehen uns hinaus aus dem Gewohnten, lassen uns nicht verzagen, wenn wir eine Durststrecke durchlaufen. Wenn wir uns wieder von einer Sehnsucht erfassen lassen können, auch wenn diese Sehnsucht noch sehr von der Atmosphäre und der Lebensstimmung, aus der wir kommen, geprägt ist, dann gewinnen wir den Mut, den es braucht, um in das Unbekannte hinauszugehen.

Die Blume führt den jungen Mann zu einem Fuchs, der eine Wespe im Ohr hat. Wenn der Fuchs kein Märchenfuchs wäre, müßte er sich mit der Wespe im Ohr im Kreis drehen und halb verrückt werden durch diese Irritation. Da das Ohr ein Gleichgewichtsorgan ist, haben wir hier wohl einen Fuchs vor uns, der, sehr irritiert und aus dem Gleichgewicht gebracht, sich immer im Kreis dreht.

Der Fuchs ist bei uns bekannt für seine List, für seine Schläue, für seine Verschlagenheit, also auch für seine Hinterlist. Da er keine großen Körperkräfte hat, wehrt er sich mehr mit List als mit Gewalt. Er ist geradezu ein Überlebenskünstler durch seine Sinnesschärfe und seine Beweglichkeit. Aber auch durch seinen Bau mit den vielen Ausgängen ist er außerordentlich schwer zu fassen. Doch einmal gefaßt, wehrt er sich mit seinem starken Gebiß. Notfalls kann er also auch zubeißen.

Der Fuchs wird mit dem Gott Hermes oder Merkur in Zusammenhang gebracht, dem Gott des Wandels und der Verwandlungen, und damit in Zusammenhang mit dem Gott der Kaufleute, der Intellektuellen und der Diebe. Er gilt aber auch als Totengeleiter; ein Gott, der für Übergänge und Übergangssituationen ganz allgemein verantwortlich ist.

Im Fuchs trifft nun der junge Mann eine andere Form der Aggressivität, die sich bis jetzt im Kreis gedreht hat, vorhanden war, aber nichts bewirkte, nur litt. Diese Aggressivität ist intellektueller, berechnender, schlauer als die des Wolfes; das ganze «Füchsische», das man zur Lebensbewältigung braucht, ist bei ihm jetzt an einem sehr zentralen Ort angestachelt.

Jedem Tier gibt man natürlich negative und positive Bedeutungen, je nachdem, von welcher Warte aus symbolisch interpretiert wird, je nachdem auch, wie sehr das

Tierische im Menschen, das Natürliche im Menschen gewertet ist. Der Fuchs indessen, meine ich, wird ausgesprochen ambivalent bewertet und auch erlebt: bewundert, gehaßt und verteufelt. Bald hilfreich wie hier im Märchen, bald ein großer Betrüger, der den, der nicht wachsam ist, um seinen Lohn bringt, verkörpert er ein wachsames, schlaues, aggressives Vorgehen. Es würde sich in unserem Leben beispielsweise dort zeigen, wo wir uns mit großer Übersicht, Schläue und Schnelligkeit etwas erbeutet hätten, und, darauf angesprochen, nicht mehr zu fassen wären.

Das wäre natürlich ein zwielichtiges, aber offenbar ein Verhalten, das in der Auseinandersetzung mit dem Leben, gerade auch mit dem Bedrohlichen im Leben, sehr nützlich sein kann. So ambivalent wie der Fuchs bewertet wird, so ambivalent werden auch die Autonomieschritte der Menschen bewertet. Der Fuchs tritt denn auch oft in Märchen auf, in denen es noch mehr als ohnehin immer um die Realisierung von Autonomie geht.

Um autonomer werden zu können, braucht es manchmal viel List; nicht nur der Umwelt gegenüber, sondern auch sich selbst gegenüber: immer wieder muß man voraussehen, wo man sich wieder um Autonomieschritte drücken möchte, wo man sich versitzen möchte und dann dafür einem andern die Schuld dafür gibt. Und immer wieder muß man sich überlisten, daß man trotz aller Ängste und Enttäuschungen sich wieder auf den Weg macht.

Auch im Märchen muß dieses «Füchsische» zur Kenntnis genommen werden, will der junge Mann wirklich zu seinem Glück finden. Er muß füchsischer werden, muß voraussehen, auch was ihm an Schwierigem zustoßen kann, er muß sich darauf einstellen, daß die Welt nicht nur die gute Mutter für ihn ist, sondern ihn auch bedrohen kann. Das ist für jemanden mit einem positiven Mutterkomplex sehr schwierig zu erfassen: er glaubt von sich, er meine es doch nur gut mit allen; warum können es dann die andern nicht auch gut mit ihm meinen? Natürlich blenden die Leute mit einem positiven Mutterkomplex oft die eigenen Seiten, die weniger friedfertig sind, aus, – sie sehen die Wölfe nur draußen.

Der Fuchs schickt den jungen Mann denn auch zur Urme: Bevor er sein Glück findet, muß er die Kuh mit den goldenen Hörnern hüten, sie darf nicht ohne ihn nach Hause kommen. Die blaue Blume führt ihn zum Haus der Urme, die eine böse Fee ist, dem Namen nach aber auch so etwas wie eine Urmutter sein könnte. Die wohnt in einem großen, eisernen Haus. Noch einmal gibt die Blume Anweisungen, nach denen er sie in die Tasche nehmen und erst herausnehmen solle, wenn sie wieder rufe. Das Symbol der guten Mutter, «die Blume», und die böse Mutter, die Urme, dürfen offenbar nicht miteinander in Kontakt kommen.

Das ist sehr wesentlich: Wer so unter der Dominanz der guten Mutter gelebt hat und nun feststellen muß, daß sie auch einen andern Aspekt hat, ja vielleicht auch, daß seine «gute Mutter» ihn ja durch ihre Fürsorglichkeit auch gehemmt, ihn in seiner Autonomie eingeschränkt hat, der hat die Neigung, sich dann vom Negativen ganz überschwemmen zu lassen, auch die guten Erinnerungen und die guten Erlebnisse zu entwerten.

Damit eine solche Entwertung nicht stattfindet, sondern wirklich beides nebeneinander bestehen kann, muß eine Trennung vorgenommen werden. Auch das ist ein wichtiger Schritt auf dem Weg zur Autonomie: wie oft wird die Situation verteufelt, die man verlassen hat, nur damit man sich von den Schuldgefühlen entlastet, die dieses Verlassen natürlich auch mit sich bringt, und man sieht dann nicht mehr, was man an Gutem verlassen hat. Das ist eine Entwertung des eigenen Erlebens, die oft auch den eigenen Lebensweg entwertet. Für diejenigen, die verlassen und dann auch noch so einseitig entwertet werden, ist das doppelt kränkend. Ich denke hier an Eltern, die, weil man an ihnen hängt, nur verlassen werden können, indem man sie gleichzeitig ein wenig schlecht macht. Das ist für die Eltern schwer zu ertragen, allenfalls dann etwas leichter, wenn die Eltern spüren, daß die Kinder sie nicht durch und durch schlecht machen müssen, sondern daß einiges Gute bestehen bleiben darf.

Das gilt vor allem auch für Therapien, in denen die Auseinandersetzung mit Beziehungspersonen der Vergangenheit eine Rolle spielt: in einer ohnehin unsinnigen Schuldzuschreibungsstrategie, die sicher keine Autonomie bringt, sondern die Rolle des unmündigen Kindes zementiert, werden gewisse Beziehungspersonen total entwertet; es gelingt nicht, das Gute stehen zu lassen und das Schwierige zu sehen und zu verstehen. Damit wird aber immer ein Teil unserer Beziehungsgeschichte unnötig entwertet, damit entwerten wir uns, als Teil dieser Beziehungsgeschichte, auch mit.

Mit der Trennung der blauen Blume von der Urme ist aber auch ein grundsätzliches Lebensproblem angesprochen: wie oft lassen wir uns eine positive Stimmung durch etwas, was gerade quer läuft, verderben, wie oft beurteilen wir einen Menschen, der natürlich gute und schlechte Seiten hat, zunächst nur gut, und, wenn er uns in irgend etwas enttäuscht, dann ist aber auch nichts von dem Guten mehr sichtbar.

Auch das scheint mir ein Aspekt der Autonomie zu sein: den Menschen, die uns begegnen, ihre Autonomie zu be-

lassen und uns nicht in einen Sog der nur negativen oder nur positiven Beurteilung hineinziehen zu lassen.
Die häßliche alte Frau wohnt in einem eisernen Haus, besitzt aber eine Kuh mit goldenen Hörnern. Diese Kuh mit den goldenen Hörnern, die außerdem noch so freiheitsliebend zu sein scheint, bildet einen großen Gegensatz zu dem eisernen Haus, das das Gefühl von Abgeschlossenheit, Starrheit, Eingeschlossenheit und Zwanghaftigkeit suggeriert. Wenn Eisen das Metall des Mars ist und in diesem Zusammenhang das Kämpferische des Mars meint, dann ist hier das Kämpferische als Abwehr genutzt; hier wird nicht füchsisch gekämpft, sondern abgeschmettert, hier geht es nicht um Selbstbehauptung, sondern um Isolation – vielleicht sogar um Autismus. Wenn wir das Haus dieser bösen Urme als Bild für die psychische Verfassung des jungen Mannes ansehen, dann ist er in einer Situation, in der er mit einer zwanghaften, autistischen Seite in sich konfrontiert wird, die ihn kaum mit Menschen in Beziehung treten lassen könnte. Es ist wohl auch eine vermauerte, isolierte, gefühllose Situation damit geschildert, die beziehungsunfähig macht. Dieser junge Mann könnte in einer erstarrten Form von Männlichkeit, mit einer übertriebenen Härte reagieren. Hinter dieser Härte, die ihn gefühllos und stur erscheinen lassen könnte, steckt aber die Bindung an die Mutter. Dieses Bild könnte ein Bild sein für die anfängliche Symbiose in diesem Märchen in ihrem lebenshemmenden, ab- und ausschließenden Aspekt. In dieser Symbiose wurde er wohl total kontrolliert. Das führt dazu, daß so jemand auch eine totale Kontrolle über seine Gefühle anstrebt.
In diesem eisernen Haus befindet sich aber auch die Kuh mit den goldenen Hörnern. Die Kuh ist das Symbol der nährenden großen Mutter, wie wir sie aus Darstellungen

vor allem der ägyptischen Mutter-, Liebes-, Frauen- und Totengöttin Hathor kennen. Die goldenen Hörner, das Aggressive, Phallische an der Kuh, betonen deren männlichen Aspekt.

Natürlich läßt das Horn auch an das Füllhorn denken, im Zusammenhang mit der Vorgeschichte dieses jungen Mannes, also auch daran, daß das Mütterliche, jetzt abgelöst von der persönlichen Mutter, ihm immer wieder als eine Quelle der Fülle begegnete, die ihn nähren kann, so daß der positive Mutterkomplex, aus dem heraus er sich entwickelt, letztlich doch eine Quelle des Reichtums bleibt, auch wenn er jetzt nicht gerade die guten Seiten der Mutter erlebt.

Das Horn, das aggressive Angriffsorgan der Kuh, wird aber geradezu vergoldet, also als von zentralem Wert hingestellt. Es geht hier wohl um einen Kampf: Ist nun die Kuh mit ihrer Aggressivität stärker, oder er mit der seinen, das heißt aber auch, bleibt er Gefangener dieses nährenden Mutterkomplexes, oder kann er sich mit ihm messen? Die Frage ist letztlich, ob er wirklich autonom werden kann oder nicht.

Die Urme sagt ihm etwas sehr Richtiges: Entweder gelänge es ihm, diese Kuh zu hüten, dann stehe ihm frei, aus ihrem Haus zu nehmen, was er wolle, oder aber er müsse sterben. Entweder gelingt es ihm, unter Aufbieten aller Aggressionen, dargestellt in den vielen tausend Wölfen, mit eiserner Entschlossenheit diese Kuh zu kontrollieren, ihr seinen Willen aufzuzwingen, oder er ist verloren, sein Leben wird unlebendig, er wird sich versitzen.

Solche Situationen, die der Bewährung bei der Urme entsprechen könnten, zeigen sich im Leben von Männern, die von einem ursprünglich positiven Mutterkomplex geprägt sind, dort, wo sie plötzlich das Gefühl bekommen, es habe doch keinen Sinn, sich entschlossen für das einzusetzen, was ihnen gerade noch wichtig war, es sei doch besser, es sich einfach wohlsein zu lassen. Dann verstricken sie sich in irgendeine Genußideologie und verlieren sich. Ihre Autonomiewünsche, ihre Freiheitsträume träumen sie dann in der Phantasie, verwirklicht werden sie aber nicht mehr. Das führt dann bald zu einer großen Leere, nicht selten auch in die Sucht hinein. Wenn aber der zugrundeliegende Mutterkomplex wirklich ein positiver ist, dann wird irgendein Anruf der Welt sie erreichen, der dazu auffordert, mit der goldgehörnten Kuh zu kämpfen, wieder auf den Weg zu ihrem Glück zu gehen.

Dem Jüngling im Märchen gelingt es, der Kuh seinen Willen aufzuzwingen, als Lohn dafür soll er – so sagte es ihm der Fuchs – die Tarnkappe erbitten.

Die Tarnkappe ist für viele ein sehr erwünschtes Utensil: Wer hätte sich nicht schon gewünscht, in bestimmten Situationen über eine Tarnkappe zu verfügen. Wenn wir eine Tarnkappe hätten, dann könnten wir wirklich das tun, was wir tun wollen, ungeachtet der Regeln und Vorschriften. Unsere eigensten Wünsche und auch Eigenheiten kommen dann zum Vorschein, wenn wir phantasieren, was wir alles machen würden, wenn wir eine Tarnkappe hätten. Natürlich geht es beim Besitz der Tarnkappe darum, sich nicht erwischen zu lassen. Dabei geht es zum Teil auch beim Gewinnen von Autonomie: solange wir uns erwischen lassen, sind wir in Gefahr, bestraft zu werden. Anders ausgedrückt, solange wir noch so wenig autonom sind, daß wir Angst haben, durch eine angedrohte Strafe wieder in einen fremdbestimmten Zustand zurückzufallen, solange brauchen wir eine «Tarnkappe», müssen wir uns mit List diesen Situationen des Erwischtwerdens entziehen. Deshalb kommt dieser Rat ja auch vom Fuchs. In diesem Zusammenhang ist viel Heimlichtuerei zu sehen: man tarnt seine autonomen Schritte, weil man sich nicht zutraut, sie gegen Kritik oder auch nur gegen das Wahrgenommenwerden von außen verteidigen zu können.

Natürlich schreit die Urme, denn jetzt hat sie keine Kontrolle mehr über ihn, jetzt kann er sich auch ihr entziehen. In seinem entschlossenen Zupacken, seinem In-Besitz-Nehmen der Tarnkappe zeigt sich eine gesunde Aggressivität; gleichzeitig wird die Urme depotenziert. Der negative Aspekt der überfürsorglichen Mutter, der sich natürlich in einer übermäßigen Kontrolle zeigt und der ihm wahrscheinlich erst jetzt bewußt wird, verliert seine Macht über ihn, wenn er stärker wird. Die positive Mutter-Imago übernimmt wieder die Regie.

Jetzt ruft die Blume, daß sie heraus will. Sie führt ihn in der Welt umher; er läuft recht eigentlich ins Blaue hinein, ins Gebirge und ist schon ganz verzweifelt. Noch immer ist nichts vom Glück zu spüren.

Er legt sich in den Schatten und schläft. Jetzt, wo er nicht mehr weiß, wohin er sich wenden soll, zieht er sich in den Schlaf zurück. Regeneriert er, oder entzieht er sich? Vielleicht beides. Auch das ist typisch für Menschen mit einem positiven Mutterkomplex: relativ leicht enttäuschbar, ziehen sie sich zurück, suchen oft auch wirklich den Schlaf, ziehen sich also zurück in die Geborgenheit des Schlafes. Der Schlaf kommt ihnen noch immer wie die große, alles spendende Mutter vor (und das ist er ja auch). Partner dieser Menschen pflegen jeweils neidisch oder enttäuscht davon zu sprechen, daß das doch eigentlich ein kindliches Verhalten sei. Es ist natürlich sehr wichtig, daß wir auch die kindlichen Seiten in uns leben, denn sehr oft sind das unsere schöpferischen Seiten, die die Zukunft in sich haben. Es geht aber darum, das Kindliche im richtigen Zeitpunkt zu leben, dann, wenn es angebracht ist, und nicht nur dann, wenn uns das Erwachsensein zu mühsam ist.

Immer dann, wenn der Mutterkomplex übermächtig wird, fallen wir wieder in die Rolle des Kindes zurück, geben wir einen Teil der hart erworbenen Autonomie auf. Das kann sich negativ auswirken, indem wir dabei die Verantwortung aufgeben; es kann sich aber auch positiv auswirken, weil wir dann nicht vom Ich-Bewußtsein her unser Leben bestimmen, sondern von einem Größeren getragen sind. Die Frage ist jeweils, was in dieser Situation lebensfördernder ist: autonom zu handeln oder sich letztlich einem tragenden Urgrund zu überlassen in der Hoffnung, daß aus der erlebten Geborgenheit schon ein neues Lebensziel sich herauskristallisieren wird.

Hier im Märchen bekommt man den Eindruck, daß der junge Mann erst einmal in den Schlaf versinken muß, damit sich dann eine neue Krise konstellieren kann, an der er sich weiter in die Autonomie hinein entwickelt.

Dieses Gebirge, in dem er schläft, wird nun eigentümlich beschrieben: «Keinen Laut konnte man hören, das ganze Gebirge lag wie tot in tiefem Schlaf.» Erinnerungen an den hundertjährigen Schlaf von Dornröschen werden wach. Nicht nur er schläft, mit ihm schläft die ganze Welt. Man könnte von einer bleiernen Ruhe sprechen, einer Ruhe, die nicht natürlich ist, sondern in der auch Unheil enthalten ist.

Wiederum haben wir das Bild einer Erstarrung vor uns, wie sie schon im Eisenhans ausgedrückt war, jetzt aber ist es schon eine einfühlbarere Erstarrung.

Das Gebirge ist der Ort des Geheimnisvollen, auch des Unwegsamen, Gefährlichen, von daher ein Ort, den wir mit Verlassenheit assoziieren, wo aber auch die Verbindung zu den Göttern besonders nah erscheint, wo also auch die Aufträge von oben zu bekommen sind. Wiederum dürfte also ein Gefühl des Verlassenseins, des die Situation nicht Bewältigen-Könnens über ihn gekommen sein. Berge türmen sich vor ihm auf, wie vor jedem andern mit depressiver Struktur auch. Es ist sehr einsam um ihn. Er entzieht sich diesem Gefühl, indem er schläft, sich regenerierend entzieht und wartet, bis ein Anruf der Welt an ihn kommt.

Dieser Anruf kommt in Form eines Schreis: und er erwacht. Was vorher nur Verzweiflung war, ist jetzt in einem Bild ausgedrückt: eine große Kröte zerrt einen kleinen Mann, der nur zwei Spannen hoch ist, am Fuß. Dieser kleine Mann ist der Kröte offensichtlich unterlegen und in Lebensgefahr. Der Jüngling erschreckt mit einem Steinwurf die Kröte und nimmt den kleinen Mann, der darum bittet, auf den Arm. Der kleine Mann beschreibt das Maß der Bedrohung: die Kröte sei eine böse Urme, die viele hundert Kröten herbeirufen werde, um ihn und den Jüngling zu töten. Aber da ist ja zum Glück noch die Tarnkappe: Ist die Gefahr übermächtig, kann und muß er sich ihr entziehen.

Was ist aber da so übermächtig? – Der Mann hier wird als kleiner Mann, als Homunculus oder als Zwerg dargestellt, der wegen seiner Kleinheit durch die Kröte bedroht ist. Der umgangssprachliche Ausdruck «dieser kleine Mann ist dieser Kröte offensichtlich nicht gewachsen» mag einen Aspekt des Problems beleuchten: die Kröte, oder etwas hübscher, «das Chröttli», ist eine Bezeichnung für die Frau, die – ähnlich wie beim «Hexli» – deren nicht ganz durchschaubaren, heimlich manipulierenden Aspekt benennt, aber auch einen Verzauberungsaspekt (wobei die Verkleinerungsform im Schweizer Dialekt uns Verniedlichung als Angstbannung nahelegt).

Dieser Aspekt kann aber seinen ganzen Zauber nur entfalten, wenn der Mann, auf den er trifft, auch mitspielen kann, das heißt stark genug ist, um in dieses Spiel, das dann ein Verwandlungsspiel, ein gegenseitiges Verzauberungsspiel wird, einzutreten. Sonst spricht man dann bloß von «Dominieren», so wie die dominierende Kröte hier im Märchen den Mann am Fuß zerrt, ihm also seinen Standpunkt zu rauben sucht.

Das Märchen deutet die Kröte wiederum als eine Erscheinungsform der bösen Fee oder der bösen Urme, die es hier ausdrücklich auf die Männer abgesehen hat, symbolisch verstanden auf die männlichen Seiten des Jungen, die wohl noch in einem Homunculi-Stadium sind, von der Idee also in das reale Leben überführt werden müßten.

Die Kröte gilt als ein Tier der Erdmutter, mit ihren Giftwarzen verkörpert sie auch etwas Vergiftendes. Sie ist aber, wie alle Tiere, die in nahem Zusammenhang mit der großen Mutter stehen, auch ein Orakeltier. Von daher besteht ihre nahe Verbindung zu den Hexen, die ja vor allem deshalb Hexen sind, weil sie etwas vorausahnen können, was andern nicht gelingt. Wo das weibliche Naturhafte gefürchtet wird, da wird es dann eben als «böse» erklärt. Die Kröte wird auch mit dem Uterus der Frau in Verbindung gebracht. Das hängt wohl mit der großen Fruchtbarkeit der Kröte zusammen: Votivgaben für Schwangerschaft haben oft die Form einer Kröte.

Die «Fee» hat sich wohl in Form einer sexuellen Versuchung an den kleinen Mann herangemacht, und dieser fühlt sich ihr vital noch nicht gewachsen, erlebt sie deshalb als bedrohlich. Wir haben er hier wohl mit einer Kastrationsangst zu tun. Diese ist nicht nur auf sexuellem Gebiet zu suchen, sondern auch symbolisch als Angst des jungen Mannes davor, seine Potenz auf vielen Lebensgebieten

durch den immer wieder sich konstellierenden, gerade auch in der Sexualität verschlingend gewordenen Mutterkomplex zu verlieren, also letztlich nicht autonom werden zu können.
Interessant ist, daß der kleine Mann und die Kröte als Gegenspieler dargestellt werden und der junge Mann dabei die Funktion eines Helfers hat, der allerdings dann vom Geschehen mitbetroffen wird. In dem Paar «kleiner Mann – Kröte» könnte sich die Beziehungsphantasie (12) spiegeln, die ihm im Moment bei seiner Prägung durch den positiven Mutterkomplex möglich ist. Noch bilden Männliches und Weibliches keine Ganzheit verheißende, glücklich geglückte Beziehung: dieses Stadium läßt noch keine befriedigenden Beziehungen zu, da das Männliche klein und bedroht, noch im Reich der Mutter – Zwerge leben in Höhlen – befangen ist und das Weibliche in ihm, noch tierhaft verschlingend, ausschließlich als der Fruchtbarkeit verpflichtet auftritt.
Hier ist eine Entwicklung angezeigt. Der beobachtende Jüngling weiß aber instinktiv, was zu tun ist, und ist auch für die Entwicklung ausgerüstet. Mit einer aktiven, gezielten Aggression, einem Steinwurf, befreit der Jüngling den kleinen Mann und macht sich unsichtbar, bleibt also für die Kröte nicht mehr greifbar. Er wehrt sich dagegen, depotenziert zu werden, und flieht die Kröten, indem er sich total entzieht.
Das erinnert an junge Männer, die durch einen positiven Mutterkomplex sehr empfänglich für das sind, was Frauen ihnen sagen, sich durch eine Anspielung in ihrer Potenz geschmälert fühlen oder gezielt aggressiv darauf reagieren, um sich dann lange nicht mehr in eine vergleichbare Situation zu begeben. Wiederum fällt das «mütterliche» Verhalten des Jünglings dem kleinen Mann gegenüber auf,

symbolisch verstanden als mütterlich schützende Geste seiner eigenen Schwäche gegenüber, mit der er diese Schwäche aber durchaus annimmt. Wie hinter jeder angenommenen Schwäche verbirgt sich auch hier eine Stärke.

Der kleine Mann – nicht die Blume – führt zu etwas hin, was ihn seinem Ziel, reich und glücklich zu werden, näherbringen wird: zu den kleinen Männchen in der Höhle, die ein erstaunliches Gegengewicht zu den vielen Kröten auf dem Berg darstellen. Die beiden Parteien liegen ja auch miteinander im Streit; eine Entwicklung ist also bereits im Gang: im Bereich der Beziehungsphantasien und damit verbunden der Beziehungsmöglichkeiten. Die kleinen Männchen leben in einer Höhle im Berg und verfügen über die Schätze des Berges, über die Metalle. Die Höhle im Berg kann man mit dem «Schoß der großen Mutter» in Verbindung bringen, der große Reichtümer enthält. Diesen Schoß der großen Mutter betritt er – symbolisch gesehen –, aus ihm wird er sozusagen in einer Wiedergeburt, mit Reichtümern beladen, wieder herauskommen.

Die kleinen Männlein im Berg erinnern an die Zwerge, die die Schätze aus dem Berg herausholen. Als Schatzhüter erweisen sie sich denn auch hier im Märchen, und zwar als Schatzhüter im Bereich des großen Mütterlichen: Nicht nur als Kastrierte werden diese kleinen Männner gezeigt, nicht nur als eine Vorform des Männlichen, sondern auch als Aspekte des Schatzhüters und als Hüter des Geheimnisses schöpferischer Verwandlung. Es ist bekannt, daß Menschen mit einem ursprünglich positiven Mutterkomplex schöpferisch sehr begabt sein können, wenn sie in der Phase der Realisierung im schöpferischen Prozeß den Ganzheitsanspruch und damit verbunden den Perfektionsanspruch, der auch mit diesem Komplex verbunden ist, opfern können.

Jetzt gibt es hier nicht mehr den Kampf zwischen männlich und weiblich; die kleinen Männer sind vielmehr geborgen in der Höhle des Berges und tun da ihr Werk, sie haben ihren Platz gefunden. Andererseits kann man das natürlich auch so sehen, daß, wo das Weibliche so groß und überwältigend ist, das Männliche klein bleiben muß. Diese kleinen Männer haben aber zugleich ein großes Wissen und eine große Macht. Indem der Jüngling in dieser Höhle bei den kleinen Männern ist, erfährt er eine Initiation in eine Form des Männlichen – er hatte ja keinen Vater –, die mit dem Geborgenheit und Reichtum spendenden Weiblichen in einer guten Verbindung steht. Letztlich könnte man diese kleinen Männer auch als solche Menschen sehen, die im Bereich eines positiven Mutterkomplexes, geschützt von ihm, bereichert von ihm, ihr Werk tun. Diese Einführung ins Männliche könnte in der Entwicklung eines jungen Mannes aus einem positiven Mutterkomplex heraus mit einer homoerotischen oder homosexuellen Phase zusammenfallen. Er muß das Männliche außen und in sich so lieben, wie es ihm auf Grund seines ihn prägenden Komplexes erscheint. Diese Phase dürfte zugleich auch eine schöpferische Phase sein: im Reich der Phantasien, aber auch im Bereich des gelebten Lebens. Die alchemistische Symbolik im Märchen regt dazu an, dieses Schöpferische im Zusammenhang mit dem Austausch von esoterischem Wissen zu sehen.

Bei seinem Aufenthalt in der Höhle wird der Jüngling mit Wertvollem ausgestattet: Mit solchem Wasser, das Stein zu Gold zu wandeln vermag – er wird ab jetzt, vordergründig besehen, immer reich sein. Wir haben hier eine alchemistische Wunschvorstellung vor uns: aus Stein soll Gold werden. Symbolisch gesehen, handelt es sich um die Fähigkeit, auch aus etwas ganz Gewöhnlichem, wie aus einem

Stein, etwas machen zu können, das den Hauch der Transzendenz an sich hat. Die Sehnsucht danach hat sich schon in der blauen Blume ausgedrückt.
Mit Gold verbinden wir die Vorstellung von etwas Ewigem, Strahlendem, wir bringen es mit dem Licht der Sonne in Verbindung, das eben dem Leben seine Farbigkeit zu geben vermag. Und «Stein in Gold» verwandeln zu können, ist eine Fähigkeit, die letztlich auch aus einem positiven Mutterkomplex herrührt, wenn man nicht seinem lähmenden, einlullenden Aspekt verfällt: es ist nichts Geringeres als die Fähigkeit, das Leben – auch dort, wo es hart ist – in seiner Farbigkeit zu sehen und sich daran zu freuen, im «Gewöhnlichen» das Wunderbare, das Besondere zu sehen.
Der junge Mann bekommt aber auch eine Flinte, mit der er alles trifft, worauf er schießt. Es wird ihm also eine Zielsicherheit ermöglicht. Er wird jetzt nicht mehr einfach ins Blaue hineingehen, sondern sich zielsicher mit einer guten Angriffslust, die sich in Entschlossenheit äußert, auf das Leben einlassen. Das passive Umgehen mit der Situation, das Zurückweichen, wird jetzt nicht mehr notwendig sein, auch die Tarnkappe wird er nicht mehr brauchen, ein Zeichen dafür, daß er jetzt so autonom geworden ist, daß er nichts und niemanden mehr zu scheuen hat. Wenn er aber doch noch in Gefahr kommen sollte, dann gibt ihm der König der kleinen Männer eines seiner grauen Haare, damit er sich Hilfe holen kann. Nun ist er autonom geworden, und doch ist ihm Hilfe angeboten! Das ist wohl gerade das Geheimnis jeder Entwicklung zur Autonomie, daß der es wagen kann, autonom zu werden, der sich auch auf Hilfe im Notfall verlassen kann, der sich aber auch erlauben kann, Hilfe anzunehmen, und auch sich selbst als verläßlich erweist. Das wiederum gelingt Menschen mit

einem ursprünglich positiven Mutterkomplex meistens recht gut, denn letztlich steht ihnen doch die Welt zur Verfügung, auch wenn sie mühsam gelernt haben, daß sie das Ihre auch dazu tun müssen.

Dahin dürfte auch die Anweisung des Königs zielen, daß er die Hilfe nur dann beanspruchen darf, wenn er wirklich in grosser Not ist. Er muß sein Bestes geben, seine Selbstverantwortlichkeit autonom wahrnehmen, dann kann er auf die Hilfe vertrauen. In den Haaren äußern sich die Kräfte der kleinen Männer, die ihm zugänglich geworden sind.

War er nun im Berg, unter Tag, im Innern der Erde sozusagen, im Bereich des Männlichen, dann muß er sich jetzt aus der Luft eine Frau holen. Die Beziehung zur Tiefe der Erde und zur Tiefe des Himmels – beides ja Formen der Transzendenz – bleibt ihm als Sehnsucht und als Auszuschreitendes erhalten. Das ist schon in der blauen Blume ausgedrückt, ist Folge dieses ursprünglich positiven Mutterkomplexes.

Die kleinen Männer haben ihn aber nicht nur ausgerüstet, sie prophezeien ihm auch, daß er an einen Glasberg kommen wird, in dem die drei schönsten Jungfrauen von einem Drachen behütet werden. Da wird er die Hilfe des kleinen Volkes bereits brauchen. Noch einmal übernimmt die Blume die Führung, führt ihn an einen kleinen See. Mit seiner Flinte holt er sich eine Gans herab, die sich als schöne Jungfrau entpuppt.

Hier wird nun in verkürzter Form das Märchen vom Typus der «Schwanenjungfrau» angefügt, wie wir es etwa im Grimmschen Märchen «Der Trommler» (13) dargestellt finden.

Gänse sind die Vögel der Aphrodite, der Liebesgöttin, sie gehören in den Umkreis der Liebe mit ihren vielen Facetten, und – da Gänse sich auf der Erde, dem Wasser und in der Luft bewegen können – mit sehr irdischer, aber auch mit geistiger Liebe. Es geht dabei auch um eine Liebe, die realisiert werden kann; die Gans ist nämlich auch Symbol für Fruchtbarkeit und in gewissen Mythologien auch für die Weltneuschöpfung. Nun wird im Zustand der Verliebtheit wirklich eine Welt neu geschaffen. Daß das ersehnte Mädchen aber vom Himmel geholt werden muß, zeigt, daß sie mehr Ahnung, mehr Idee zunächst ist als Frau von Fleisch und Blut.

Die Projektion auf die Frau dürfte eine vollumfassende sein, wie es sich auch für einen Mann mit einem ursprünglich positiven Mutterkomplex gehört: die Frau soll ihn in alle Bereiche des Lebens verwickeln – so wie die Gans sich in allen Bereichen des Lebens bewegen kann –, sie soll ihm auch den Weltanfang garantieren, sie soll ihn in höchste Höhen tragen. Gerade aber diese Höhenflüge holt er nun zielend gezielt herunter und gerade dadurch wird die Frau ein Mensch aus Fleisch und Blut, mit dem er eine Beziehung eingehen könnte, wäre sie nicht doch noch verwünscht – oder wäre nicht er letztlich noch immer Gefangener eines Mutterkomplexes. Sie ist ja auch noch von einem Drachen bewacht, in einem Glasberg eingeschlossen – wobei sich dieses Motiv des Eingeschlossenseins, das sich durch das ganze Märchen zieht, wiederholt: sie ist verzaubert in der Haut einer Gans, im Glasberg, vom Drachen bewacht.

Allerdings haben wir es hier mit goldenen Gänsen zu tun. Das dürfte auf ihren großen Wert für den Jüngling hindeuten. Er will sie haben.

Es zeigt sich also eine «Goldlinie» im Märchen von den goldenen Hörnern der Kuh zum Stein, der in Gold verwandelt werden kann, bis hin zu den goldenen Gänsen.

Interpretiert man diese Linie, dann wird deutlich, daß der Reichtum sich immer mehr äußert, je länger der junge Mann sich mit dem Mutterkomplex beschäftigt.
Die Jungfrau will erlöst werden. Die Erlösung findet aber nicht mit Hilfe der blauen Blume statt, sondern mit Hilfe der kleinen Männchen, die den Glasberg anbohren.
Der Zugang zu der weiblichen Seite in ihm, die in ihm den entschlossenen Mann sieht, ist ihm noch verbaut. Noch immer ist für ihn keine Beziehungsphantasie möglich, in der Männliches und Weibliches gleichgewichtig sind. Noch immer liegt etwas Sprödes, Hartes vor der Beziehung zur Frau. Zwar kann man in einen Glasberg durchaus hineinsehen, aber man kann nicht fühlen, was drin ist. Dieses Glashaus wirkt wie ein Schaukasten, wo die wunderschönsten Jungfrauen sitzen, aber nicht ins wirkliche Leben hineindürfen. Die kleinen Männer wirken als Geburtshelfer, sie brechen diese Isolierung, diesen Perfektionsanspruch, der sich dahinter verbergen kann, auf. Im Moment, in dem diese Isolierung einmal durchbrochen ist, in dem es also gelungen ist, entschlossen und schöpferisch an diese Isolierung heranzugehen, da ist der böse Zauber gebrochen. Es bedurfte wohl auch hier der Entschlossenheit, an diesem Problem zu pickeln, dem Problem, daß durch den positiven Mutterkomplex die Frau überhöht wird, dadurch aber der Zugang zu ihr nicht wirklich gefunden werden kann.
In der Polarisierung von Drachen und goldenen Gänsen kann man noch einmal das polarisierte Frauenbild sehen, das sich leicht aus einem positiven Mutterkomplex entwickelt: der Drache einerseits als das verschlingende Ungetüm, als tiefe archaische Stufe des verschlingenden Mütterlichen, die goldene Gans als die Liebesgöttin andererseits, die in höchste Höhen entführen soll.

Allerdings ist der Drache hier außerordentlich schwach: er löst sich fast von selbst auf, Zeichen dafür, daß diese Bedrohung durch den Mutterkomplex ausgestanden ist, daß der junge Mann sich entwickelt hat, daß er erstarkt ist, daß er nicht mehr so sehr bedroht ist. Das zeigt sich auch daran, daß die blaue Blume von sich aus sagt, er brauche sie jetzt nicht mehr. Jetzt erst kann er tun, was er will, jetzt ist er autonom, das heißt hier: er ist nicht von der dominierenden Komplexkonstellation her bestimmt. Der Drachenkampf findet nicht nur in diesen letzten Bildern statt, wo er den – erschöpften – Drachen wie Ritter Georg besiegt und dadurch seine Frau gewinnt: Letztlich ist der ganze Weg, den er im Märchen zurücklegt, ein «Drachenkampf», und deshalb ist der Drache am Schluß auch so leicht zu erlegen. Der ganze Weg war ein Weg des Kampfes gegen die Versuchung, die Autonomieentwicklung nicht zu leisten.

Die Entwicklung zur Autonomie aus dem Mutterkomplex heraus hat aber auch zu Beziehungsfähigkeit geführt: es wird eindrücklich gezeigt, wie die Machtstrukturen zu Beginn des Märchens in Beziehungsstrukturen umgewandelt werden. Er heiratet die Frau aus einigermaßen eigenem Willen, die beiden Schwestern heiraten auch: Männliches und Weibliches leben in ausgewogener Form zusammen – und erst jetzt sind alle glücklich, reich und zufrieden.

Das Märchen zeigt die Entwicklung aus einem ursprünglich positiven Mutterkomplex heraus, die aber zu einer Isolierung führte, dadurch, daß sie nicht gelockert wurde. Die Entwicklung erweist sich in einem Anwachsen der Autonomie, obwohl der Weg, der gegangen werden muß, noch vom zugrundeliegenden Komplex vorgezeichnet ist, der autonome Komplex also zur Autonomieentwicklung hinführt: das relativiert unsere Vorstellung von Autonomie. Wiederum geht der Anreiz zur Autonomieentwicklung vom autonomen Komplex aus. Der Reichtum, der in diesem Komplex liegt, der vermutlich in der Fülle von guten Emotionen und liebevollen Zuwendungen, die einem Kind mitgegeben werden, begründet ist, wird auch auf dem Weg zur Autonomie Schritt für Schritt als eigene Lebensmöglichkeit erlebt.

DER EISEN-OFEN

Zur Zeit, wo das Wünschen noch geholfen hat, ward ein Prinz von einer alten Hexe verwünscht, daß er im Walde in einem großen Eisen-Ofen sitzen sollte. Da brachte er nun viele Jahre zu und konnte ihn niemand erlösen. Einmal kam eine Prinzessin in den Wald, die hatte sich irr gegangen und konnte ihres Vaters Königreich nicht wieder finden; neun Tage war sie so herum gegangen und stand zuletzt vor dem eisernen Kasten. Da fragte er sie: «wo kommst du her und wo willst du hin?» Sie antwortete: «ich habe meines Vaters Königreich verloren und kann nicht wieder nach Haus kommen.» Da sprach's aus dem Eisen-Ofen: «ich will dir wieder nach Hause verhelfen in einer kurzen Zeit, wann du dich willst unterschreiben, zu thun, was ich verlange. Ich bin ein größerer Königssohn, als du eine Königstochter und will dich heirathen.» Da erschrak sie und dachte: «lieber Gott, was soll ich mit dem Eisen-Ofen anfangen!» weil sie aber gern wieder zu ihrem Vater heim wollte, unterschrieb sie sich doch, zu thun, was er verlangte. Er sprach aber: «du sollst wiederkommen, ein Messer mitbringen und ein Loch in das Eisen schrappen»; dann gab er ihr jemand zum Gefährten, der ging nebenher und sprach nicht, er brachte sie aber in zwei Stunden nach Haus. Nun war große Freude im Schloß, als die Prinzessin wieder kam und der alte König fiel ihr um den Hals und küßte sie. Sie war aber sehr betrübt und sprach: «lieber Vater, wie mir's gegangen hat! ich wär' nicht wieder nach Haus gekommen aus dem großen wilden Walde, wann ich nicht wär' bei einem eisernen Ofen gekommen, dem habe ich mich müssen dafür unterschreiben, daß ich wollte wieder zu ihm zurückkehren, ihn erlösen und heirathen.» Da erschrak der alte König so sehr, daß er beinahe in eine Ohnmacht gefallen wäre, denn er hatte nur die einzige Tochter. Berathschlagten sich also, sie wollten die Müllerstochter, die schön wär', an ihre Stelle nehmen, führten sie hinaus, gaben ihr ein Messer und hießen sie an dem Eisen-Ofen schaben. Sie schrappte auch 24 Stund, konnte aber nicht das geringste herabbringen; wie nun der Tag anbrach, rief's in dem Eisen-Ofen: «mich däucht, 's ist Tag draußen!» Da antwortete sie: «das däucht mich auch, ich meint, ich hört meines Vaters Mühle rappeln.» – «So bist du ja eine Müllerstochter, dann geh gleich hinaus und laß die Prinzessin herkommen.» Da ging sie hin und sagte dem alten König, der draußen wollte sie nicht, er wollte seine Tochter. Da erschrak der alte König und die Prinzessin weinte; sie hatten aber noch eine schöne Schweinhirtstochter, die war noch schöner, als die Müllerstochter, der wollten sie ein Stück Geld geben, damit sie für die Prinzessin zum eisernen Ofen ging. Also ward sie hinausgebracht und mußte auch 24 Stund schrappen, sie bracht aber nichts davon. Wie nun der Tag anbrach, rief's im Ofen: «mich däucht, es ist Tag draußen!» Da antwortete sie: «das däucht mich auch, ich meint, ich hört meines Vaters Hörnchen tüten!» – «So bist du ja eine Schweinshirten-Tochter, dann geh gleich hinaus und laß die Prinzessin kommen. Und sag' ihr, es sollt' ihr wiederfahren, was ich ihr versprochen hätte, und wann sie nicht käme, sollte alles zerfallen und einstürzen und kein Stein auf dem andern bleiben.» Als die Prinzessin das hörte, fing sie an zu weinen, es war aber nun nicht anders, sie mußte ihr Versprechen halten. Da nahm sie Abschied von ihrem Vater, steckte ein Messer ein und ging zu dem Eisen-Ofen hinaus. Wie sie nun angekommen war, hub sie an zu schrappen und das Eisen gab ihr nach und wie zwei Stunden vorbei waren, hatte sie schon ein kleines Loch geschabt. Da guckte sie hinein und sah einen so schönen Königssohn, ach! der glimmerte, daß er ihr recht in der Seele gefiel. Nun da schrappte sie noch weiter fort und machte das Loch so groß, daß er heraus konnte. Da sprach er: «du bist mein und ich bin dein, du bist meine Braut und hast mich erlöst.» Sie bat sich aus, daß sie noch einmal dürfte zu ihrem Vater gehen und der Königssohn erlaubte es ihr, sie sollte aber nicht mehr mit ihrem Vater sprechen, als drei Worte und dann sollte sie wiederkommen. Also ging sie heim, sie sprach aber mehr als drei Worte, da verschwand alsbald der Eisen-Ofen und war weit weg über gläserne Berge und schneidende Schwerter; doch war der Prinz erlöst und nicht mehr darin eingeschlossen. Darnach nahm sie Abschied von ihrem Vater und etwas Geld mit, aber nicht viel, ging wieder in den großen Wald und suchte den Eisen-Ofen, allein der war nicht wieder zu finden. Neun Tage suchte sie, da ward ihr Hunger so groß, daß sie sich nicht zu helfen wußte, denn sie hatte nichts mehr zu leben. Und wie es Abend wurde, setzte sie sich auf einen kleinen Baum und gedachte darauf die Nacht hinzubringen, weil sie sich vor den wilden Thieren fürchtete. Als nun Mitternacht heran kam, sah sie von ferne ein kleines Lichtchen, dachte sie, «ach! da wär' ich wohl erlöst», stieg vom Baum und ging dem Lichtchen nach, auf dem Weg aber betete sie. Da kam sie zu einem kleinen alten Häuschen, da war viel Gras um gewachsen und stand ein kleines Häufchen Holz davor. Dachte sie: «ach! wo kommst du hier hin»; guckte durch's Fenster hinein, so sah sie nichts darin, als dicke und kleine Itschen (Kröten), aber einen Tisch, schön gedeckt mit Wein und Braten, und Teller und Becher waren von Silber. Da nahm sie sich das Herz und klopfte an; alsbald rief die Dicke:

«Jungfer grün und klein,
Hutzelbein!
Hutzelbeins Hündchen!
Hutzel hin und her!
Laß geschwind sehen, wer draußen wär.»

Da kam eine kleine Itsche herbei gegangen und machte ihr auf; wie sie eintrat, hießen alle sie willkommen und sie mußte sich setzen. «Wo kommt ihr her? wo wollt ihr hin?» Da erzählte sie alles, wie es ihr gegangen wäre, und weil sie das Gebot übertreten, nicht mehr als drei Worte zu sprechen, wäre der Ofen weg sammt dem Prinzen; nun wollte sie so lange suchen und über Berg und Thal wandern, bis sie ihn fände, da sprach die alte Dicke:

«Jungfer grün und klein,
Hutzelbein!
Hutzelbeins Hündchen!
Hutzel hin und her!
bring mir die große Schachtel her!»

Da ging die kleine hin und brachte die Schachtel herbeigetragen, hernach gaben sie ihr Essen und Trinken und brachten sie zu einem schönen gemachten Bett, das war wie Seide und Sammet, da legt sie sich hinein und schlief in Gottes Namen. Als der Tag kam, stieg sie auf und gab ihr die alte Itsche drei Nadeln aus der großen Schachtel, die sollte sie mitnehmen; sie würden ihr nöthig thun, denn sie müßte über einen hohen gläsernen Berg und über drei schneidende Schwerter und über ein großes Wasser, wann sie das durchsetzte, würde sie ihren Prinzen wiederkriegen. Nun gab sie hiermit drei Theile (Stücke), die sollte sie recht in Acht nehmen, nämlich drei große Nadeln, ein Pflugrad und drei Nüsse. Hiermit reiste sie ab und wie sie vor den gläsernen Berg kam, der so glatt war, steckte sie die drei Nadeln als hinter die Füße und dann wieder vorwärts und gelangte so hinüber, und als sie hinüber war, steckte sie sie an einen Ort, den sie wohl in Acht nahm. Darnach kam sie vor die drei schneidenden Schwerter, da stellte sie sich auf ihr Pflugrad und rollte hinüber. Endlich kam sie vor ein großes Wasser und wie sie übergefahren war, in ein großes schönes Schloß. Sie ging hinein und hielt um einen Dienst an, sie wär' eine arme Magd und wollte sich gern vermiethen; sie wußte aber, daß ihr Prinz drinnen war, den sie erlöst hatte aus dem eisernen Ofen im großen Wald. Also ward sie angenommen zum Küchenmädchen für geringen Lohn. Nun hatte der Prinz schon wieder eine andere an der Seite, die wollte er heirathen, denn er dachte, sie wäre längst gestorben. Abends nun, wie sie aufgewaschen hatte und fertig war, fühlte sie in ihre Tasche und fand die drei Nüsse, welche ihr die alte Itsche gegeben hatte. Biß eine auf und wollte den Kern essen, siehe da war ein stolzes königliches Kleid drin. Wie's nun die Braut hörte, kam sie und hielt um das Kleid an und wollte es kaufen: «es wär' kein Kleid für eine Dienstmagd.» Da sprach sie, ja sie wollt's nicht verkaufen, doch wann sie ihr einerlei (ein Ding) wollte erlauben, so sollte sie's haben, nämlich eine Nacht in der Kammer ihres Bräutigams zu schlafen. Die Braut erlaubt' es ihr, weil das Kleid so schön war und sie noch keins so hatte. Wie's nun Abend war, sagte sie zu ihrem Bräutigam: «das närrische Mädchen will in deiner Kammer schlafen.» – «Wann du's zufrieden bist, sprach er, bin ich's auch.» Sie gab aber dem Mann ein Glas Wein, in das sie einen Schlaftrunk gethan hatte. Also gingen beide in die Kammer schlafen, und er schlief so fest, daß sie ihn nicht erwecken konnte. Sie weinte aber die ganze Nacht und rief: «ich hab' dich erlöst aus einem wilden Wald und aus einem eisernen Ofen, du hast mich erlöst und ich hab' dich erlöst durch ein verwünschtes Schloß, über einen gläsernen Berg, über drei schneidende Schwerter und über ein großes Wasser, ehe ich dich gefunden habe und willst mich doch nicht hören.» Die Bedienten saßen vor der Stubenthüre und hörten wie sie so die ganze Nacht weinte und sagten's am Morgen ihrem Herrn. Und wie sie am andern Abend aufgewaschen hatte, biß sie die zweite Nuß auf, da war noch ein weit schöneres Kleid drin, wie das die Braut sah, wollte sie es auch kaufen. Aber Geld wollte das Mädchen nicht und bat sich aus, daß es noch einmal in der Kammer des Bräutigams schlafen dürfte. Sie gab ihm aber wieder einen Schlaftrunk und er schlief so fest, daß er nichts hören konnte. Das Küchenmädchen weinte aber die ganze Nacht und rief: «ich hab' dich erlöst aus einem wilden Walde und aus einem eisernen Ofen, du hast mich erlöst und ich habe dich erlöst, durch ein verwünschtes Schloß, über einen gläsernen Berg, über drei schneidende Schwerter und über ein großes Wasser ehe ich dich gefunden habe und willst mich doch nicht hören.» Die Bedienten saßen vor der Stubenthüre und hörten, wie sie so die ganze Nacht weinte und sagten's am Morgen ihrem Herrn. Und wie sie am dritten Abend aufgewaschen hatte, biß sie die dritte Nuß auf, da war ein noch schöneres Kleid darin, das starrte von purem Gold. Wie die Braut das sah, wollte sie es haben, das Mädchen aber gab es nur hin, wenn sie zum drittenmal dürfte in der Kammer des Bräutigams schlafen. Der Prinz aber hütete sich und ließ den Schlaftrunk vorbeilaufen; wie sie nun anfing zu weinen und zu rufen: «liebster Schatz, ich habe dich erlöst aus dem grausamen, wilden Walde und aus einem eisernen Ofen, du hast mich erlöst und ich habe dich erlöst»; so sprang der Prinz auf und sprach: «du bist mein und ich bin dein.» Darauf setzte er sich noch in der Nacht mit ihr in einen Wagen und der falschen Braut nahmen sie Kleider weg, daß sie nicht aufstehen konnte. Als sie zu dem großen Wasser kamen, da schifften sie hinüber, und vor die drei schneidenden Schwerter, da setzten sie sich aufs Pflugrad, und vor den gläsernen Berg, da steckten sie die drei Nadeln hinein; und so gelangten sie endlich zu dem alten Häuschen, aber wie sie hineintraten, war's ein großes Schloß, die Itschen waren alle erlöst und lauter Prinzen und Prinzessinnen und waren in voller Freude. Da ward Vermählung gehalten und sie blieben in dem Schloß, das war viel größer, als ihres Vaters Schloß. Weil aber der Alte jammerte, daß er allein bleiben sollte, so fuhren sie weg und holten ihn zu sich und hatten zwei Königreiche und lebten in gutem Ehestand.

Bei diesem Märchen (14), das von den Brüdern Grimm aufgezeichnet worden ist, geht es darum, daß eine Frau und ein Mann sich gegenseitig erlösen, sich also gegenseitig in eine größere Autonomie hineinlieben. Das Märchen gehört in den Kreis der Märchen vom «Tierbräutigam», bei denen es immer darum geht, daß ein verzauberter Prinz erlöst wird. Hier haben wir nun allerdings kein Tier, das geheiratet werden muß (z. B. «Singendes springendes Löweneckerchen»), sondern einen Mann im Ofen.

Betrachten wir das Märchen wiederum unter unserer Fragestellung nach Wegen der Autonomie, dann ist eindrücklich, wie schwer sich diese Tochter von ihrem Vater trennt; es geht also unter anderem um eine Autonomieentwicklung aus einer Vaterbindung heraus. Es ist atmosphärisch ein eher sprödes Märchen: dieses etwas Spröde gehört zum Vaterkomplex, wie das Süßliche zum Mutterkomplex des Märchens von der blauen Blume gehört hat.

Zu Beginn des Märchens ist die langwierige Trennung mit ihren Schwierigkeiten eindrucksvoll beschrieben. Es gibt keine Entwicklung zu mehr Autonomie, ohne daß man sich immer wieder trennt. Dort aber, wo wir uns sehr gebunden fühlen, und wo die Schritte zu mehr Autonomie sich deshalb geradezu aufdrängen, dort trennen wir uns eben nicht leicht. Diesem Prozeß des Sich-voneinander-Trennens werden wir uns hier besonders zuwenden.

Das Märchen beginnt – recht unemotionell – mit einer Vorinformation. Zu einer Zeit, als das Wünschen noch geholfen hat, wurde ein alter Prinz in einen Eisen-Ofen hineingewünscht, darin verbrachte er viele Jahre, niemand konnte ihn erlösen. Demnach wäre Ver-Wünschen auch eine Form des Wünschens, ein aggressiv-destruktiver Wunsch. Wem konnte daran liegen, diesen Wunsch auszusprechen?

Dann schwenkt das Märchen auf die Geschichte der Königstochter über, die sich im Wald verirrt hat und ihres Vaters Königreich nicht wiederfinden kann – statt dessen den Eisenofen findet, der mit großem Draufgängertum eine Unterschrift fordert, ihr gleich erklärt, daß er «größer» sei als sie, und sie heiraten will. Schon hier ahnen wir: in diesem «aktiven» Ofen steckt ein Mensch, er ist mehr als ein Ofen.

Fühlt man sich in die Eingangsszene dieses Märchens ein,

so fühlt man sich – gemeinsam mit der Prinzessin – leicht etwas überrumpelt von diesem Eisenofen, der Methoden anwendet, die sonst eigentlich des Teufels sind: der sofort eine Unterschrift fordert, die Notlage der Prinzessin ausnützt, dann später droht, die Welt zusammenstürzen zu lassen. Er zeigt sich als Mann von Macht – wie denn auch Machtstrukturen in diesem Märchen eine große Rolle spielen. Mit der Prinzessin kann man sagen: «Mein Gott, was soll ich mit diesem Eisenofen anfangen!»

Versetzt man sich aber auch in seine Situation, dann wird seine Forschheit verständlicher: In der Phantasie der Märchendeuter ist dieser Eisenofen, der ja nicht näher beschrieben ist, sehr bald zu einem feurigen Eisenofen geworden, und schon bald wurde die Hölle dazu assoziiert, dazu paßt dann auch der Teufel (15). So abwegig ist das nicht, denn wenn wir uns vorstellen, daß wir in einem solchen Eisenofen säßen, abgeschlossen von der Umwelt, festgebannt, ohne Möglichkeit, unser Schicksal zu beeinflussen, ohne jede Freiheit – dann wäre das schon ein recht verzweiflungsvoller Zustand, schon ein wenig eine Hölle... Vergleichbar wäre er mit jenen Situationen im Leben, in denen man innerlich alle Schattierungen von Emotionen hat, vielleicht wirklich sogar ein inneres Feuer in einem brennt, in denen man aber gegen außen nur eine harte Schale zeigt, die auf die Mitmenschen abstoßend wirkt, eine kalte Schulter bietet, die die andern als Zurückweisung empfinden, als Aggression.

Der Eisenmantel legt es uns nahe, an das Eisen, das Metall des Mars zu denken, des kämpferischen, angriffslustigen Gottes. Das Angreiferische besteht hier paradoxerweise zunächst allerdings in einer Nicht-Reaktion. Es wirkt ja bekanntlich sehr aggressiv, wenn jemand in einer gewissen Situation eine Reaktion unterläßt. Da kann man dann lange davon reden, daß unter der harten Schale ein weicher Kern steckt, die Umwelt reagiert zunächst einmal auf die Schale, und die ist hier aus Eisen. Das Märchen sagt denn auch, daß der Prinz verhext sei; entweder dahingehend verhext, daß er nur den Eisenmantel gegen außen zeigen kann, das Harte, Abstoßende, andererseits aber auch insofern verhext, als er sich nicht ins Leben verwickeln kann, ausgesperrt ist vom pulsierenden Leben – eingesperrt.

Fast beginnt man, die Tierbräutigame der vergleichbaren Märchen um ihre Felle zu beneiden, die sie anstelle einer menschlichen Haut haben, wie etwa den Löwen im «Singenden springenden Löweneckerchen» (16), der auch von Dienern umgeben ist, nachts ein schöner Prinz ist usw. Hier ist nichts Vergleichbares gesagt: da ist jemand, ganz isoliert, in sich selbst gefangen, in vollem Bewußtsein dessen, daß er erlöst werden müßte, aber auch im vollen Bewußtsein seines Wertes. Hätte er Zweifel an seinem Wert, dann wäre er wohl schon lange umgekommen.

Natürlich kann man sich fragen, ob der Prinz vielleicht deshalb in einem Eisenofen sein muß, damit die Prinzessin länger beim Vater bleiben kann, damit sie sich nicht von ihrem Vater ablösen muß. Wenn der Vater so attraktiv ist, dann scheinen andere Männer unzugänglich zu sein, dann stört deren harte Schale. Das Märchen spricht klar von einer Hexe, die ihn verwunschen hat: Was aber ist das Verhexte an dieser Situation? Daß der Mann so einen Panzer um sich gelegt hat? Oder daß die Frau nicht von ihrem Vater weg will? Daß ihre eigenen männlichen Seiten von ihr nicht gelebt werden dürfen?

Eine erste Trennung der Prinzessin vom Vater hat bereits stattgefunden: sie hat sich im Wald verirrt; nicht durch einen bewußten Entschluß hat sie sich von ihrem Vater getrennt, sondern eigentlich durch einen Zufall. Diese Trennung bringt ihr aber kein neues Ziel: sie irrt im Wald umher, weil eben kein Entschluß dahinter steht, sie verirrt sich. Sie selbst ist noch ohne Weg und ohne Perspektive – und trifft diesen geheimnisvollen Ofen, diesen so originell verpackten Mann. Wenn sie sich vom Vater wegbegibt, gerät sie in einen Wald, an einen Ort, wo es dunkel, unübersichtlich ist, wo aber das Leben wächst, wo Tiere sich aufhalten; sie gerät an einen Ort des natürlichen Wachstums, wo es aber wenig Wege gibt, wo es mit der intellektuellen Übersicht bald aus ist. Hier hilft nur die Intuition, die man natürlich entwickelt haben müßte. Sobald diese Königstochter den Vater verläßt, verirrt sie sich, weiß sie nicht mehr, wo der Weg hingeht.

Beim Vater zu bleiben, kann ganz real heißen, daß dieses junge Mädchen sich vom Vater noch nicht gelöst hat, daß der Vater noch Entscheidungen für sie zu fällen pflegt, was sich dann ja auch herausstellt, als sie nach Hause kommt. Miteinander beratschlagen sie, ob sie nicht lieber die Müllers- oder die Schweinehirtstochter zum Ofen hinausschicken sollten. Wenn der Vater aber noch maßgeblich die Entscheidungen fällt, dann übernimmt die Tochter keine Verantwortung für ihr Leben, sie überläßt die Verantwortung auch dem Vater. Sie bleibt ein Kind. Nun kann der Vater natürlich auch als symbolischer Vater zu verstehen sein, Symbol für alles, was vom Vater und von den Vätern geprägt ist: Lebensanschauungen, Verhaltensregeln, geistige Inhalte usw., wie sie uns in der gängigen kollektiven Weltanschauung jeweils gegenübertreten. In der Auswahl der persönlichen Werte und Haltungen ist die Prinzessin sicher mitbestimmt von der Haltung des eigenen Vaters. Auch hier ist in jedem Leben ein Autonomieschritt zu leisten: solange wir uns an die tradierten

Werte und Haltungen anlehnen, sind wir zwar einigermaßen sicher oder meinen es zumindest zu sein, aber wir sind nicht wirklich autonom, denn diese tradierten Werte müssen ja nicht mit den Werten, die für die eigene Persönlichkeit gelten, übereinstimmen. So müssen diese Werte und Haltungen auch überprüft werden, und das tut man meistens, indem man zunächst einmal die Situationen verläßt, in denen sie gelten.

Wir können bei der Entwicklung dieses Mädchens zur Autonomie also durchaus beide Perspektiven im Blick behalten: einerseits die ganz reale Ablösung vom Vater und die daran gebundene Möglichkeit einer Beziehung zum Partner, damit verbunden auch zu ihrer Animus-Seite; andererseits die Problematik der Ablösung von den Werten, die vom Väterlichen geprägt sind.

Da das Väterliche oft Sicherheit, aber natürlich auch Einengung bedeutet – Einengung ist immer ein Aspekt dessen, was uns Sicherheit gibt –, besagt der Schritt der Ablösung, daß wir eine Unsicherheit aushalten müssen, hier ausgedrückt in der Orientierungslosigkeit im Wald. Grundsätzlich gehört es zu jedem Schritt in Richtung größerer Autonomie, daß wir eine Bindung, damit eine Sicherheit, aber auch eine Einengung, verlassen und in eine Unsicherheit, in eine Orientierungslosigkeit hineingeraten, die mehr oder weniger mit Angst verbunden ist. Der eine kann sich besser mit Unsicherheit, mit unübersichtlichen, mit undurchsichtigen Situationen abfinden, besonders dann, wenn auch eine Neugier damit verbunden ist, was denn jetzt das Leben eigentlich mit einem vorhabe; der andere kann schlechter damit umgehen. Unter anderem ist das Damit-umgehen-Können auch eine Folge dessen, wie oft man sich schon einer solchen unsicheren Situation gestellt hat, in der man nicht wußte, wie es weitergehen könnte.

Ob man also auch schon gelernt hat, daß es irgendwie doch immer wieder weitergeht.
Die Königstochter hat es noch nicht gelernt. Sie verirrt sich sofort, und Retter in der Not ist der Eisenofen, der ihr klare Vorschriften macht, die sie auch ohne weiteres akzeptiert. Hier wird ihr Geprägtsein durch den Vaterkomplex deutlich: sie akzeptiert Vorschriften fraglos und klaglos. Immerhin fragt sie sich, was sie denn mit einem Eisenofen anfangen soll, aber um zu ihrem Vater zurückfinden zu können, ist sie bereit, den Eisenofen zu heiraten. Das ist wahrlich ein Argument für eine Heirat!
Allerdings benutzen hier zunächst beide einander: Der Ofen will eine Frau, damit er erlöst wird, die Königstochter akzeptiert den Mann, damit sie zum Vater zurückgehen kann. In den Märchen ist es die Voraussetzung dafür, erlöst werden zu können, daß man von jemandem so akzeptiert wird, wie man ist; dabei muß diese Akzeptanz noch keine freudige sein, es genügt, daß einer da ist, der einen gelten läßt.
Die Königstochter akzeptiert jedes Mittel, um wieder zu ihrem Vater zu kommen, um den alten Zustand wiederherzustellen, um nicht in die Welt hinaus, in unerforschtes Gelände hinausgehen zu müssen und dabei neue Seiten an sich zu entwickeln. Natürlich kann man diese Szene auch mehr symbolisch verstehen: sie heiratet, um wieder einen Vater zu haben, sie wechselt vom Vater zum väterlichen Mann, der ihr den Vater ersetzt. Das ist eine Konstellation, die wir recht häufig bei Frauen antreffen, die nicht wirklich vom Vater abgelöst sind: Der Ehemann kann einmal ganz real jenen Platz ausfüllen, den der Vater bisher innehatte. Symbolisch: Wer sich nicht von den Ansichten des Vaters und der Väter trennen kann, kann sich vom Ehemann wiederum die Ansichten, Wertungen, Haltungen

liefern lassen. Da heißt es dann: «Mein Mann sagt…, mein Mann denkt…, mein Mann sieht das so und so…» Und mehr oder weniger ungeduldig fragt man sich dann, was die Frau selber denn dabei denkt oder fühlt.

Im Märchen hat die Königstochter aber dadurch, daß sie dem Ofen versprochen hat, ihn zu heiraten, ein Versprechen dafür gegeben, daß sie sich von ihrem Vater wegbegeben und mit ihm gehen wird. Aber nicht gleich.

Jede größere Trennung erfolgt nach einem bestimmten Muster: zunächst trennt man sich, bewußt oder eher zufällig, und dann findet noch einmal eine Wiederannäherung statt; anstelle der Trennung kommt dann ein meistens noch größerer Zusammenschluß zustande, der aber dazu führt, daß Konflikte, die die erste Trennung bereits bewirkt haben, sich verschärfen; daraufhin kann man sich meistens bewußter und mit mehr Klarheit trennen.

Dieses Märchen schildert die Wiederannäherung sehr schön. Dabei ist die Trennungsproblematik nicht nur auf seiten der Königstochter, sie ist ebenso auf seiten des Königs: «Der alte König erschrak so sehr, daß er fast in Ohnmacht gefallen wäre, denn er hatte nur eine einzige Tochter.» Das Märchen schildert realistisch die Trennungssituation zwischen einem liebenden Vater, der vielleicht auch keine Frau hat – jedenfalls ist von ihr nicht die Rede –, und seiner Tochter, zu der offensichtlich eine tiefe Liebesbeziehung besteht. Er möchte sie für sich behalten. Auch von ihm her findet eine Wiederannäherung statt, indem er ihr hilft, einen Ausweg aus dem Konflikt zu finden, und dabei ist den beiden – so scheint es zumindest – jedes Mittel recht.

Trennungen werden nie nur von einem der Partner ausgelöst und durchlitten, sie werden immer von beiden Seiten erlebt. Trennungen der erwachsenen Kinder von ihren Eltern sind Trennungsprobleme für den Adoleszenten *und* für die Eltern, sie bedeuten einen Anruf in neue Autonomie für *beide* Teile. Die Trennung wird natürlich von den beiden sich Trennenden anders erlebt, je nachdem, in welcher Lebenssituation sie stehen. So steht dem Adoleszenten die Welt und das Leben offen; so phantasiert er zumindest, während die Eltern sich auf die Phase des Älterwerdens einrichten und auf die Anregungen, die die jungen Menschen ins Haus gebracht haben, verzichten müssen. Sie gewinnen natürlich auch die Chance, sich neu bei sich selbst und in der Partnerschaft einzurichten, die eine neue Wichtigkeit bekommt. So ist die Trennung für den, der «zurückbleibt», meistens schwieriger zu durchstehen, erlebt wird sie aber von beiden – beide Teile möchten sie auch meistens vermeiden, weil damit ein Verlust von Sicherheit und Gewohnheit verbunden ist.

Die Königstochter versucht zunächst, sich vor dem Schritt in die Welt hinein zu drücken. Zwar hat sie etwas versprochen, aber sie will dieses Versprechen nicht einhalten, sie übernimmt noch nicht die Verantwortung für ihr Versprechen. Und der Vater hilft dabei. Auch ihm ist wichtiger, daß der alte Zustand bestehenbleibt, als daß ein Versprechen gehalten wird. Dieses Versprechen hier steht in einem Gegensatz zum Verhalten des Königs im Märchen vom Froschkönig (17), wo der König seiner Tochter klar sagt, daß man ein Versprechen auch halten müsse. Aber jener König wollte die Tochter nicht unbedingt für sich behalten. Unser König hier hingegen will sie behalten.

Wir finden in diesem Märchen eine intensive, an ihrem Ursprung sicher positive Vaterbindung dargestellt, die jetzt aber, weil die notwendigen Entwicklungsschritte nicht mehr gemacht werden können, sich destruktiv auszuwirken beginnt. Die Königstochter drückt sich also vor der

Eigenverantwortung, wohl auch fremdbestimmt durch ihren Vater, den sie nicht verletzen möchte. Beider Überlegung tendiert dahin, daß es dem Eisenofen bloß um eine schöne Frau gehe, schön seien die Müllers- und Schweinehirtstochter auch! Sie unterstellen dem Eisenofen also, daß er nicht sie als Frau meine, sondern daß «irgendeine» den Zweck auch erfüllen könne. Vergleichbar ist diese Vorstellung mit der so mancher vatergebundenen Töchter, die von jungen Männern pauschal meinen, es gehe ihnen bloß darum, irgendeine vorzeigbare Frau zu haben, die natürlich jederzeit austauschbar ist. Dem Vater hingegen geht es um sie ganz persönlich – ein Grund mehr, beim Vater zu bleiben!

Der Mann im Eisenofen besteht aber darauf, daß er sie haben will – sie ganz persönlich. Damit zeigt er, daß sie nicht austauschbar ist, daß sie sich auf dem ihr bestimmten Weg nicht einfach vertreten lassen kann. Lebensaufgaben lassen sich nicht delegieren, weder an andere Menschen noch, wenn wir die Szene subjektstufig verstehen wollen, an einen Teilaspekt unserer Persönlichkeit. Auf eine solche Aufgabe muß man sich voll konzentrieren, eine solche Aufgabe muß in einer authentischen Weise angegangen werden, die ganze Persönlichkeit muß dafür eingesetzt werden.

Das zeigt sich im Märchen auch darin, daß es weder der Müllerstochter noch der Schweinehirtstochter gelingt, ein Loch in diesen Ofen zu feilen und herauszufinden, was sich hinter dem Eisenmantel befindet. Nur wenn die Königstochter selber sich entschließt, zu ihrem Versprechen zu stehen, sich auf die neue Lebenssituation einzulassen – und zwar nicht halbherzig –, dann zeigt ihr diese neue Lebenssituation ihr verstecktes Gesicht. Man kann den Ofen natürlich auch als ein alchemistisches Gefäß auffassen, ein Vas, in dem eine neue Lebenssituation sich auskocht...

Sie sieht einen Königssohn, der ihr von Herzen gefällt, sie sieht einen, der «glimmert». Er glänzt, er glüht also. Das ist wohl ein Bild für ihr plötzliches Fasziniertsein, aber auch für seine Ausstrahlung, die sichtbar wird, sobald die richtige Frau an seiner eisernen Oberfläche, an seiner harten Schale etwas kratzt und feilt. Jetzt ist sie von ihm angezogen, und er bekennt sich zu ihr, zugleich bemächtigt er sich ihrer auch ein wenig mit seinem Reim: «Du bist mein und ich bin dein, du bist meine Braut.»

Eine Annäherung an den Königssohn hat stattgefunden; er gefällt ihr, die Chance, daß sie den Vater verläßt und mit diesem Königssohn in die Welt hinauszieht, ist gegeben. Doch wieder weicht sie zurück. Der Trennungsschritt kann noch nicht vollzogen werden, oder anders ausgedrückt: in dem Moment, in dem sie sich emotionell ein Stück weit vom Vater entfernt, packt sie wieder die Sehnsucht nach der Situation, die sie verlassen wollte. Noch einmal muß sie nach Hause gehen.

Der Königssohn erlaubt es auch, aber nur auf drei Worte. Dieses Zurückgehen hat unter anderem den Sinn, noch einmal Kontakt mit dem aufzunehmen, was man verläßt, um es so innerlich besser mit sich nehmen zu können. Der Königssohn erlaubt ihr im Grunde genommen, sich zu verabschieden: sie aber «versitzt» sich, spricht zu viele Worte mit dem Vater. Muß sie ungehorsam sein, treibt dieser Ungehorsam die Entscheidungssituation auf die Spitze? Jetzt muß sie sich nämlich wirklich entscheiden: zwischen dem Weg in die Welt – einem jetzt sehr ungewissen Weg – oder dem Bleiben beim Vater. Dadurch, daß der Eisenofen plötzlich versetzt, ins Unbekannte entrückt worden ist, ist von ihr eine klare Entscheidung gefordert. Sie entscheidet sich für die Such-Wanderung, sie sucht ihren Königssohn. Sie sucht, ohne zu wissen wo – auf die Su-

che als Ziel ausgerichtet. Ihn zu finden muß ihr sehr wichtig sein. Vielleicht fühlt sie sich auch an ihm schuldig geworden.
Da stellt sich natürlich eine neue Frage in bezug auf Autonomie: Wenn wir aus Schuldgefühlen heraus etwas anstreben, sind wir dann autonom? Sind wir dann nicht immer noch unter der Fuchtel eines Über-Ich, das ja eng mit dem Vaterkomplex und den von ihm geprägten Normen und Vorschriften verbunden ist?
Am Entwicklungsweg dieser Königstochter wird deutlich, daß Autonomie immer nur eine relative sein kann: zwar ist sie jetzt nicht mehr fremdbestimmt durch den Vater, durch Schuldgefühle dem Vater gegenüber, doch hat sie dafür wahrscheinlich Schuldgefühle dem Prinzen gegenüber. Nicht die Liebe allein läßt sie ihn suchen, es sind wohl auch Schuldgefühle beteiligt, die jedoch einerseits berechtigt und andererseits im Dienste der Entwicklung stehen. Gerade in dem Gefühl, schuldig geworden zu sein, schuldig werden zu können, erweisen wir uns als Menschen, die autonom sein können und müssen.
Von jetzt ab führt das Märchen, verglichen mit Märchen des gleichen Typs, sehr zügig weiter. Es entsteht der Eindruck, daß in diesem Märchen wirklich der Entschluß der Prinzessin, ihren Prinzen zu suchen und den Vater zu verlassen, die Hauptrolle spielt und daß von nun an die Suche sich nicht mehr so ganz verzweiflungsvoll gestalten muß.
Daß sich in ihrem Verhalten etwas verändert hat – ein Autonomiezuwachs festzustellen ist, zeigt sich darin, daß sie, nachdem sie wiederum neun Tage im Wald herumgeirrt ist, nicht mehr auf Hilfe wartet, sondern selbst auf einen Baum klettert, angeblich aus Angst vor den wilden Tieren; da oben aber kann sie sich orientieren, findet, nachdem sie solange in die Irre ging, ein Licht im Dunkeln im wahrsten

Sinne des Wortes. Auffallend ist, daß sie im Wald keine Nahrung findet. Sie ist nicht fähig, die Nahrung, die der Wald bietet, aufzusammeln. Sie kennt sich offenbar sehr schlecht in der Natur aus. Wenn sie eine vatergebundene Tochter ist, muß sie mit der Welt des Natürlichen erst noch in Berührung kommen. Schon zu Beginn des Märchens konnte sie sich im Wald nicht orientieren. Wir haben hier einen Hinweis auf eine Problematik im mütterlichen Bereich.

Wenn eine junge Frau so sehr vom Vater bestimmt ist, dann wird sie weniger der Mutter verbunden sein, wie immer diese Mutter auch sein mag. Die Welt der Mütter, oder die Welt des Weiblichen, wird dann einfach als nicht so spannend, nicht so anregend empfunden und muß im Laufe der Entwicklung erst entdeckt werden.

So sagte eine Frau, die sehr vom Vater geprägt war, die seine Fabrik übernahm, die «seine Gedanken dachte» – wie sie selbst es ausdrückte –, sie habe erst mit 26 entdeckt, daß sie ja auch eine Mutter habe und daß die gar nicht so langweilig sei, wie sie immer gemeint habe. Und dann begann sie sich für ihre Mutter zu interessieren, auch dafür, wo sie ihrer Mutter gleiche usw. – Mit dem mütterlichen Bereich muß sich auch unsere Königstochter auseinandersetzen.

Nach dieser Zeit der neuerlichen Verirrung im Wald zeigt sich ein Licht, hat sie eine erste Orientierung. Sie kommt zu einem Häuschen, vor dem viel Grün ist, hohes Gras.

Auffallend ist einerseits die Kleinheit, anderseits die Betonung des Grüns. Grün ist eine Farbe des Wachstums, des Werdens, und zwar eines Werdens, das einem naturgemäßen Rhythmus folgt, das kaum beschleunigt werden kann, das aber auch kaum zu verhindern ist, bedenkt man etwa, wie wenig Licht es braucht, damit es irgendwo wieder zu grünen beginnt. Von da her ist Grün eine Farbe, die wir gerne mit der Stimmung der Hoffnung auf neues Werden verbinden (18). Hier im Märchen ist also die Erlösung doppelt angekündigt: Die Königstochter hat einen Orientierungspunkt gefunden, sie ist nicht mehr allein und verwirrt; dieses Häuschen steht «im Grünen», also auch nicht mehr im dichten Wald, und ist durch dieses Grün einer Sphäre der neuen Wachstumsmöglichkeiten zugeordnet.

In diesem Hüttchen wohnen dicke und kleine Itschen – Kröten –, die allerdings an herrschaftlich gedeckten Tischen sitzen. Hier findet die Königstochter Aufnahme und Nahrung, aber auch Anweisung für die weitere Suchwanderung. Die Kröten wirken hier wie eine Personifikation der Mutter Natur, sie ersetzen die alten weisen Frauen, wie sie in anderen vergleichbaren Märchen vorkommen, oder auch Sonne, Mond und Sterne (Das singende springende Löweneckerchen).

Die Kröten, als noch tierhafte Erscheinungsformen der Erdmutter, zeigen sich hier in einem positiven Aspekt: Mutter Natur gibt dieser Königstochter, was sie braucht. Anders ausgedrückt: um wirklich sich in die Autonomie hinein entwickeln zu können, um wirklich auf die Suche und auf ihren Weg gehen zu können, braucht sie einen Aufenthalt bei etwas mütterlich Bergendem, sie muß sich in eine Geborgenheit hinein aufnehmen lassen. Auch das ist ein wesentlicher Aspekt auf den Wegen zur Autonomie: Es geht nie nur darum, daß ein Märchenheld oder eine Märchenheldin autonom in die Welt hinausstürmten, immer wieder brauchen sie einen Ort, wo sie geborgen sind, wo sie gepflegt werden, einen Ort der Einkehr. Es geht niemals in der Entwicklung des Menschen nur um Autonomie, es geht um die Polarität von Geborgenheit und Autonomie. Diese Geborgenheit ist aber oft auch eine Abhängigkeit.

Die Königstochter im Märchen hat überhaupt keine Mühe damit, sich von diesen Kröten verwöhnen zu lassen. Und wenn man das so hört, dann bekommt man fast den Eindruck, es sei das Normalste der Welt. Das ist es aber nicht.
In eine Gruppe, in der ich einmal an den Bildern dieses Märchens eigene Bilder aufsteigen ließ, waren etliche, die sich vor diesen Kröten grausten und niemals von ihnen Hilfe angenommen hätten, ja diesen Kröten schon gar nicht zugetraut hätten, daß die überhaupt eine Hilfe sein könnten. In diesen helfenden Kröten ist unter anderem ausgedrückt, daß vom Unscheinbaren, Verachteten her Hilfe kommen kann – wenn man nur offen ist für die Hilfe. Diese Weisheit versuchen uns viele Märchen näherzubringen. Damit relativiert das Märchen die doch recht verbreitete Überzeugung, daß nur ein großartiges Ereignis dem Leben, das in der Krise ist, eine Wende geben könne. Diese großartigen Wenden treten ja bekanntlich sehr selten auf. Veränderungen kommen viel eher daher, daß wir bisher Übersehenes zu sehen und anzunehmen lernen, was das Leben von sich aus an uns heranträgt.
Vielleicht ist es gerade diese vertrauensvolle Haltung, in der die Königstochter, voll Verzweiflung natürlich letztlich, jede Hilfe akzeptiert, woher sie auch kommen mag, die die Situation verändert.
Den Reim «Jungfer grün und klein...» – wobei auch im Reim noch einmal die Farbe Grün betont ist – kennen wir aus dem Märchen «Die drei Federn». Dieses Märchen ist bei Marie-Louise von Franz in «Interpretation of Fairytales» ausführlich gedeutet (19). Die Feder des Jüngsten fällt dort auf einen Eingang, der in die Erde führt; er geht durch diesen Eingang in die Erde und zu Kröten, die ihm immer verschaffen, was er braucht. Auch er ist von einem ungeheuren, vielleicht auch naiven Vertrauen in die Fähig-

keiten dieser Kröten erfüllt. Das ist aber – nach den Aussagen des Märchens – die richtige Haltung, um diesen Wesen der Unterwelt zu begegnen: im Vertrauen darauf, daß sie zu helfen wissen.

Märchenforscher sind der Ansicht, daß sich in dieser Passage des Märchens die Viehmännin aus Kassel, die dieses Märchen erzählt hat, geirrt habe, daß sie den «Eisenofen» und «Die drei Federn» ineinander verschachtelt habe (20). Das ist natürlich denkbar. Denn im vorliegenden Märchentypus müßte das Mädchen ja seine Reise zu Sonne, Mond und Wind antreten, die sich auch jeweils als gute mütterliche Gestalten erweisen, nachdem sie oft anfänglich bedrohlich wirken. Es geht wohl darum, daß die Heldin in größter Bedrohung Hilfe und Orientierung sucht, sie findet und auch annehmen kann. Es geht hier aber auch darum, daß sie sich ausruhen kann, daß sie geborgen sein kann. Und das kann sie bei den Kröten.

Auch wenn sich die Viehmännin geirrt haben sollte, so hat sie sich meines Erachtens doch auch wieder «stimmig» geirrt: Diese Königstochter ist so sehr in einer Vaterwelt aufgewachsen, soviel Erstarrtes ist damit verbunden, denken wir an den mühsamen Loslöseprozeß, an den Eisenmantel des Eisenofens, daß sie unbedingt auch einmal in einer «Gegenwelt» leben muß – bei den Kröten, wo das Naturhafte mit Händen zu greifen ist.

Diese Phase der schöpferischen Pause, in der auch noch ins Leben hereingeholt wird, was zuvor ausgeschlossen war, ist eine wichtige Phase innerhalb des Trennungsprozesses: die entscheidende Ablösung ist bereits vollzogen, die alten Orientierungen sind damit zu einem größeren Teil ungültig geworden, eine neue Ausrichtung ist noch nicht in Sicht, man fühlt sich orientierungslos – «verirrt» nennt es das Märchen –, man sucht ohne großes Resultat: und irgendwann kann man nicht mehr, die bewußte Willensanstrengung reicht gerade noch bis dahin, daß man weiß, daß man jetzt auf einen Wink des Schicksals angewiesen ist, auf eine gute Idee, auf einen rettenden Einfall. Diese Phase ist meistens verbunden mit einem Rückzug auf sich selbst, wo man sich auch pflegt, sich selbst in ein größeres Ganzes hineinbegibt und wartet, was daraus wird. Schlafen und Essen sind dafür gute Bilder; allerdings gehört auch dazu, daß die Königstochter ihr Problem und ihr Ziel formuliert.

Diese Phase bei den Itschen gleicht einer Inkubationsphase, wie wir sie vom schöpferischen Prozeß, grundsätzlich aber von jedem Prozeß der Wandlung her kennen: das Problem wird im Unbewußten bearbeitet, nachdem man sich lange genug damit herumgeschlagen hat und es auch für sich formulieren kann. Dazu gehört aber dieses Vertrauen auf die Hilfe – hier auf die Kröten als dem Symbol des mütterlichen Urgrundes, der recht gegensätzlich ist zur Vaterwelt, woher die Königstochter kommt. Im Entwicklungsweg einer Frau aus einer ursprünglich positiven Vaterbindung heraus wäre das die Phase, in der sie die Vaterwelt hinter sich gelassen hat, sich orientierungslos fühlt, und dann mit der Mutterwelt in sich in Kontakt kommt: nicht so sehr mit der Welt, die von der persönlichen Mutter geprägt ist, sondern vielmehr mit dem archetypischen Mütterlichen.

Sie wird erleben, daß sie auch ein Teil der Natur ist, daß die Natur uns trägt, daß sie Rhythmen der Natur unterworfen ist. In dieser Situation könnte sich zum Beispiel eine Frau, die vorher vielleicht messerscharf intellektuell sich dem Leben genähert hat, sich um die Natur und um das Natürliche bemühen, sie wird vielleicht sogar etwas fanatisch, nur noch natürlich sein und leben wollen – wobei sich im Fanatischsein dann noch immer der Vaterkomplex zeigen würde; vielleicht wird es aber auch so sein, daß sie sich plötzlich mit Ahnungen, mit Intuitionen, mit Träumen beschäftigt, mit allem, was ihr aus ihrer Tiefe herauf zuwächst und was man nicht «machen», sondern nur erhoffen und erwarten kann.

Auf den Wegen zur Autonomie muß man sich offenbar immer wieder entscheiden, wann man auf seine Autonomie pochen muß, wann man die Verantwortung wirklich übernehmen muß, und wann man einfach warten muß, sich vertrauensvoll darauf verlassend, daß die Natur oder das Schicksal einem etwas zuwachsen läßt.

Der gute Rhythmus zwischen Eigenverantwortlichkeit, Übernahme von Verantwortung und Hingabe an das Innere scheint das Geheimnis eines gelingenden Weges zu sein. Der Mensch ist auch in seinem Autonomiestreben eingebunden in die Notwendigkeit bewußter Entscheidungen einerseits und das Angewiesensein auf Hilfe aus der Tiefe, auf Einfälle, Intuitionen andererseits. Dem entspricht auf dem Gebiet der Beziehungen das Eingebundensein in die Notwendigkeit des Selbstseins, des immer wieder Selbstwerdens und der Unvermeidlichkeit von Abhängigkeit.

Die Kröte spricht auch sehr klar aus, was die Königstochter alles vom Königssohn trennt, was sie überwinden muß, um zu ihm zu kommen, gibt ihr aber auch Mittel und die Anweisungen dazu. Dieser Aufenthalt im Häuschen im Grünen gibt ihr also eine Ahnung davon, was sie vom Königssohn trennt, wo er zu finden und was zu tun ist. Sie kann sich jetzt orientieren, zumindest in einem gewissen Maß, und weiß, wie sie das Problem anpacken muß und kann.

Die Hindernisse, die sich zwischen ihnen türmen, können

in Zusammenhang mit der intensiven Vaterbindung gesehen werden, sie können die Auswirkung dieser Vaterbindung auf die Beziehung zu einem Partner zeigen. Mit diesem Problem muß sie umgehen lernen, das ist ein Aspekt ihres Autonom-Werdens.

Den Glasberg könnte man in seiner Glitschigkeit, in seiner Ungreifbarkeit, in seinem Nicht-faßbar-Sein als eine Möglichkeit sehen, sich so sehr vom andern abzuschließen, daß dieser bei jedem Kontaktversuch einfach abrutschen muß. Der Glasberg ähnelt in gewisser Weise dem Eisenofen. In diesem Glasberg könnte eine extreme Abgegrenztheit vom andern dargestellt sein, mit einer unmenschlichen Kälte verbunden, die sich vielleicht auch in einer sehr perfekten und ästhetischen Haltung zeigen könnte, aber eben eine Trennung vom andern bewirkt. Mit den Nadeln der Kröten – die Glitschigkeit der Kröten ist eine sehr andere in ihrer Erdverbundenheit – kann diese Haltung Schritt für Schritt, sehr mühsam, wenn man sich ins Bild einfühlt, überwunden werden. Die Königstochter selbst muß diesen Glasberg übersteigen, muß ihn damit aber auch Schritt für Schritt ermessen.

Diese «Glasbergpsychologie» ist typisch für junge Frauen, die stark dem Vater und dem väterlichen Prinzip verhaftet und zuwenig dem Mütterlichen verbunden sind. Das ergibt sich natürlich zwar fast zwangsläufig, denn wenn der Vater eine so wichtige Position einnimmt, dann kann die Mutter nicht auch gleich wichtig sein. Diese jungen Frauen müssen zuerst mit dem Erdhaft-Weiblichen in Kontakt kommen, um zu sehen, wo sie ihre Glasberge auftürmen. Durch die Beziehungssehnsucht werden sie dazu gebracht, diese Glasberge Schritt um Schritt zu überwinden. Es ist auch keineswegs so, daß diese Glasberge dann ein für allemale überwunden wären – die Königstochter verwahrt die

Nadeln gut, um wieder in der Lage zu sein, diesen Berg auch immer wieder überschreiten zu können.
Nun muß sie sich auch vor den schneidenden Schwertern in acht nehmen. Schneidende Schwerter kann man mit schneidenden Worten in Zusammenhang bringen, mit schneidenden Argumenten vielleicht, die sie ins Feld bringen kann, und von denen sie selbst auch bedroht ist. Darüber muß sie mit einem Pflugrad fahren: sie muß also einfach über diese Schwerter hinwegfahren, wie immer man sich das auch vorzustellen hat, mit einem Rad. Räder sind Symbole der Ganzheit, des Runden, sich immer Drehenden, Gegensätze in sich Verbindenden, die Schwerter andererseits sind für Trennungen zuständig. Wann immer sie Lust hat, einen Rundumschlag präzis und scharf zu vollführen, müßte sie sich wohl zuerst an das Pflugrad erinnern, an die Möglichkeit, die Dinge nicht zu zertrümmern, sondern in einem zusammenhängenden kontinuierlichen Aspekt zu sehen, dadurch könnte dann die Aggression auch konstruktiv werden. In diesem Sich-hinüberrollen-Lassen, sich dem Pflugrad Anvertrauen, ist eine Hingabe an das Gesetz der Schwerkraft mit ausgedrückt, ein sich von Schwerkraft Erfassen-Lassen, im Gegensatz zum aktiven Ergreifen mit dem Schwert.
Die Auseinandersetzung mit diesen Hindernissen, mit diesen Hemmnissen, leistet die Königstochter aus der Beziehungssehnsucht heraus. Sie *will* ihren Prinzen wiederfinden, sei er nun als realer Mann vorzustellen, oder sei es ihre eigene, sie faszinierende männliche Seite – jedenfalls spürt sie Sehnsucht nach etwas, das sie so fasziniert, daß sie sich von der bisherigen Lebenssituation getrennt hat.
Der Fluß, der die beiden jetzt noch trennt, zeigt, wie all die übrigen Hindernisse auch, wieviel noch zwischen den beiden liegt. Die Überquerung des Flusses scheint jedoch

kein Problem zu sein, wir erfahren jedenfalls nicht, wie sie das bewerkstelligt. Etwas ganz anderes aber stellt sich ihr jetzt in den Weg: Der Prinz will auf einmal eine andere Frau heiraten. Sie ist vergessen. Das darf uns nicht zu sehr verwundern, ist doch viel Enttäuschung, viel Verrat auch zwischen den beiden gewesen: wirklich Glasberge und reißende Wasser.

Endgültig für sich gewinnen kann die Königstochter den Prinzen erst mit den Kleidern, die sie von den Kröten erhalten hat. Immer deutlicher wird, wie wesentlich dieser Aufenthalt bei den Kröten war, wie wesentlich es für sie war, auch von diesem Bereich aufgenommen worden zu sein. Die Wahl der Kleider drückt unter anderem aus, wie man sich der Welt zeigen möchte, aber auch, wie man gerne gesehen werden möchte. Meistens sind sie, besonders im Märchen, Ausdruck für das Wesen der Trägerin des Kleides. In den Parallelen zu diesem Märchen (etwa in «Das singende springende Löweneckerchen») ist diese Passage viel ausführlicher dargestellt: die Heldin hat dort von der Sonne ein Kleid bekommen, das sonnengleich glänzt. Da wird dann deutlich, daß die Frau eben duch den Weg, den sie gemacht hat, um ihren Mann zu finden, auch entsprechende «lichte» Persönlichkeitszüge an sich entwickelt hat. In unserem Märchen hat sie einfach all diese Kleider bekommen, nachdem sie sich so lang verirrt hatte. Dieses Märchen läßt die Königstochter nicht so lange irren, wie andere Märchen das tun. Das ist vielleicht auch wieder typisch für eine Vaterstochter: letzlich läuft bei ihr dann doch alles recht gradlinig.

Interessant in diesem Zusammenhang ist, daß der «Eisenofen» ja einmal der Müllers- oder der Schweinehirtstochter hätte vermählt werden sollen: jetzt hat er eine andere Braut. Die Konstellation des Anfangs wiederholt sich also

in einer umgekehrten Weise. Gleiches wird hier mit Gleichem vergolten – die Beziehung steht deutlich unter einem Machtaspekt.
Bei positiv gebundenen Vatertöchtern kommt ja öfters der Wunsch auf, «unter anderem» auch noch verheiratet zu sein, wie er sich darin bildhaft ausdrücken könnte, daß sie sich beim Eisenofen durch die Müllers- und die Schweinehirtstochter vertreten läßt. Diese Halbherzigkeit weicht dem entschlossenen Wunsch, zentral in der Beziehung stehen zu wollen. Es geht ihr jetzt darum, sich ganz authentisch in die Behiehung einzubringen und nicht länger nur so am Rande, vertreten durch eine Randfigur der Seele. Sie ist auch bereit, allen Stolz aufzugeben – und das ist für eine Vaterstochter allerhand –, sich als Küchenmädchen zu verdingen, wobei sie natürlich nicht vergißt, daß sie eine Königstochter ist. Es ist ihr auch bewußt, was sie für den Mann getan hat. «Ich habe dich erlöst, du hast mich erlöst», sagt sie. In diesem Märchen wird die gegenseitige Erlösung direkt angesprochen. Nicht nur die Frau hat den Prinzen erlöst, wie es in den Tierprinzen-Märchen zumindest vordergründig geschehen zu sein scheint, sondern hier wird ausgedrückt, daß ihr beim Vater Gebliebensein genauso eine Verzauberung war. Ihr Weg heraus, zudem der Prinz sie gezwungen hat, ist gleichsam der Weg der Erlösung, den sie zu beschreiten hatte.
Das war es, was ich zu Anfang mit dem Ausdruck, die beiden müßten sich «in die Autonomie hineinlieben», sagen wollte. Liebe bewirkt ja unter anderem auch, daß man sich aus alten Bindungen lösen kann, und wenn es gut geht, dann führt sie die Partner zu mehr Freiheit, wenn es weniger gut geht, dann setzen sich die alten Gebundenheitsverhältnisse in einer neuen Form, in einer neuen Auflage, fort.

Ob es bei diesen beiden gut oder schlechter gehen wird, ist hier noch ungewiß. Der Prinz hört sie, nachdem sie sehr emotionell ihrer beider Leidensweg ihm schildert und indem sie ihm damit auch sich selbst in Erinnerung ruft. «Du bist mein und ich bin dein» kann nun als Ausdruck der Zugehörigkeit zueinander gewertet werden. Der Prinz hatte von Anfang an eine recht zupackende Art, die Prinzessin andererseits ist es gewohnt, von einem dominierenden Vater geliebt zu werden; es werden da wohl einige Autonomiekämpfe weiter zu erwarten sein.

Interessant in diesem Zusammenhang ist schließlich auch die Bemerkung gegen Ende des Märchens, daß sie keine Itschen mehr vorfanden, als sie zu dem kleinen Häuschen zurückkamen, das in Wirklichkeit das verzauberte Schloß des Prinzen war. Jetzt ist also diese verhexte Situation ganz und gar aufgehoben. Hier wird auch deutlich, wie sehr die beiden in ihrem Weg zur Erlösung aufeinander angewiesen waren: die verzauberten Diener und Dienerinnen ihres Prinzen helfen ihr letztlich. Er war aber verzaubert von einer Hexe. Die Urmutter hatte sich also gerächt, vermutlich, weil man sie zu wenig beachtet hatte, war aber für die Frau hilfreich. Indem die Königstochter diesen Naturbereich in sich zur Kenntnis genommen und ihn in seinem Wert erkannt hat, wird sie bereichert, und der Mann muß nicht mehr verhext bleiben. Durch den Weg zu mehr Autonomie hätte diese Königstochter also dasjenige ins Leben eingebracht, was im alten System ausgeschlossen war und dadurch destruktiv wurde. Mehr kollektiv gesehen hätte dadurch das Naturhafte, Weibliche wieder eine größere Bedeutung bekommen. Dadurch wird aber der Prinz menschlich, kann eine Beziehung eingehen, die ihm in der Gestalt des Eisenofens natürlich nicht möglich war.

Es war in der Tat eine gegenseitige Erlösung. Daß noch

einige Autonomiekämpfe zu erwarten sind, läßt der Schluß des Märchens vermuten, in dem es heißt, daß der alte König jammerte und dann zu ihnen aufs Schloß genommen wurde.

Ist das nun ein Zeichen einer besonders guten Ablösung von diesem Vater? Gute Ablösungen von Eltern zeigen sich ja darin, daß es einem gelingt, autonom zu sein, auch wenn die Eltern in der Nähe sind, daß es einem gelingt, entspannte, ruhige Beziehungen zu den Eltern aufrechtzuerhalten. Oder ist die Konstellation am Schluß des Märchens eher ein Zeichen dafür, daß der alte König immer wieder im Hintergrund lauert, immer auch noch da ist?

Es ist ja die Versuchung jeder Autonomieentwicklung, bei dem Bedürfnis nach Geborgenheit, das immer wieder aufkommt, in alte Abhängigkeiten zu flüchten, statt die Itschenhäuschen aufzusuchen, in denen man sich ausruhen kann, in denen man eine schöpferische Pause machen kann.

DIE WEISSEN KATZERL

Es war einmal ein König gewesen, der hat einen Sohn gehabt und eine wunderschöne Frau; die ist ihm aber gestorben, als der Prinz noch ein ganz kleiner Bube war. Und der König hat gar sehr getrauert um die Königin, weil er sie recht gern gehabt hat, und auch nach Jahresfrist, als die Hoftrauer vorüber war, war der König noch nicht zu bewegen, seinem Reiche wieder eine Königin zu geben.

Und so hat auch ein tief verschleiertes Frauenzimmer, das ihn hätte heiraten wollen, ein Körberl kriegt; ja und wie diese ausgeschaut hat, voller Brillanten, über und über voll, aber sie hat ein Körberl kriegt. Und so ist sie abgezogen, aber sie hat es nicht gleichgültig hingenommen, sondern hat darüber einen schiachen Zorn gehabt.

Und geschadet hat's dem König und dem Hofstaat schauderhaft, so aus Gift und Gall. Und dies Frauenzimmer ist eine Hexe gewesen, und all die Brillanten war nur angehextes Zeug. Wie sie in ihrem armen finsteren Häusel wieder angelangt war, hat sie sofort untergeheizt auf dem offenen Herd in der Hexenkuchel und alles mögliche Kräutelwerch zusammengesucht und in einen Kessel hineingetan; dazu hat sie grausliche Hexensprüche gesprochen und geflucht, daß das Feuer in einen Winkel sich verkrochen hat.

Dabei ist ein schiaches Wetter gekommen und es hat zu schneien angefangt und zu rumpeln und rollen, – und aus dem Schloß ist ein großer Felsofen geworden mitten im tiefen Schnee, und der König und sein Prinz und die Hofleut alle sind Raben geworden, haben keine Ruh und keine Rast gehabt und sind um den Felsen herumgeflogen und haben gottsjämmerlich gekrächzt. Und im Felsen ist ein großes Loch gewesen, und da ist Wasser herausgeflossen und hat die Gärten mit Wasser überdeckt, und dieser See ist die meiste Zeit des Jahres zugefroren gewesen.

«Und so lang sollst du verwunschen bleiben», hat die schiache Hex gesagt, «bis eine Jungfrau auf außergewöhnlichem Gespann über den See in den Felsen hineinfährt und den alten Raben küßt.» –

Nun hat die alte Hexe eine Tochter gehabt, die gerade so böse gewesen ist wie ihre Mutter; aber nur blitzdumm ist sie gewesen und hat das Hexen nie erlernt. Und so ist's auch gekommen, daß sie keinen Grafen als Mann kriegt hat, sondern einen bettelarmen Holzknecht.

O mein, das ist ein Eheleben gewesen, so elend und so voll Streit und Hader; zuerst ist er ganz gut gewesen und auch gegen sie so lieb wie gegen sein eigenes Kind, aber später ist er grob geworden und war gleich mit dem Zuschlagen da. Und zuletzt ist er nur mit seinem eigenen herzigen Mädchen, das ihm das erste Weib hinterlassen hatte, lieb umgegangen.

Um so liebloser ist aber dafür die böse Stiefmutter gegen das Mädl gewesen, wenn der Vater nicht daheim war. Da mußte das Kind so mancherlei verrichten, was ihm oft ganz zuwiderlich war, und nur die Furcht vor ihrem groben Mann hielt die Frau davon ab, das Kind in den Tod zu treiben.

Nun hatte die Hauskatze in der Holzhackerhütte vier schneeweiße, allerliebste Katzerl bekommen und war dabei umgestanden. Und so hatte das gutherzige Mädchen die vier Kätzchen aufgezogen, und seine ganze Freude waren seine vier weißen Viecherl. Da fiel es der bösen Stiefmutter eines Tages ein, dem Mädchen zu befehlen, sie solle die vier Katzerl umbringen, und zwar solle sie im Teiche ein Loch machen und darinnen die vier Tierchen ertränken.

Schweren Herzens hat sie die Lieblinge genommen und dabei geweint, und so ist sie hinab zum gefrorenen Teich gegangen, die Katzerl in einem Sacke, in der Rechten aber ein Hackel zum Eisaufbrechen. Und so kam sie beim Ufer an und begann ins Eis ein Loch zu hauen; dabei faßte sie aber ein solcher Schmerz an, daß sie vor Leid umfiel und bitterlich weinte; und auch die vier Katzerl raunzten im Sack.

Und sie wußte gar nicht, wie es kam, sie versank neben dem Loch im Eise in einen kurzen Schlummer, und da ist ihr gewesen, als ob ihr jemand zurief:

«Steig ein, steig ein!»

Als sie nun darob erwachte, stand vor ihr ein allerliebster goldener Schlitten und die vier schneeweißen Katzerl waren ihm vorgespannt. Da liebkoste sie die Katzerl und stieg dann ein. Kaum aber saß sie drinnen, da liefen auch schon die Katzerl mit dem Schlitten dahin, und flugs ging es über den See und hin zum Felsen, wenn's Eis auch hinter ihnen knarrte und krachte. Und der Schlitten fuhr hinein in die Höhle zum Ufer; dort stieg das Mädchen aus und der Schlitten mit den Katzerln verschwand, während sie sich in der Höhle etwas umsah. Doch so sehr sie auch suchte, es war allenthalben nur rauher Fels, hier und da mit Moos bewachsen, doch von den Katzerln keine Spur; zuhinterst in der Höhle aber, wo es gar finster war, leuchteten zwei matte Lichtlein hervor. Was das sei? dachte das Mädchen, und ohne sich zu fürchten ging sie auf die zwei Lichtlein zu. Da fand sie einen alten kreischenden Raben, der trug seinen Hals mit einem Tüchel eingebunden.

«Ei», meinte sie, «da ist ja ein liebes Vogerl und so arm und krank!» Und nahm das kranke Tier auf und küßte es.

Da gab's aber ein Krachen, als ob die Welt in Trümmer ginge und der Felsen zusammenstürzen möchte, – und augenblicklich stand sie mitten in einem großen lichten Saale, und ein König stand vor ihr. Förmlich andächtig küßte er das verblüffte Kind und sprach zu ihm: «Du hast uns errettet! So sei denn auch du meines Sohnes Braut und die Königin unseres Reiches!»

Bei der Tafel, die dann war, ging es hoch her, und ich bin auch dabei gewesen und habe mitgegessen, und dabei habe ich zu tief in die Schüssel geguckt, da habe ich das übrige nicht bekommen und bin in die Schüssel gefallen. Da hat der Koch gemeint, ich sei ein Fleischbrokken und hat mich einem Bettler geschenkt, der hat mich in seinem Schnappsack gepackt und hierher gebracht. Und so weiß ich von der Geschichte.

Dieses Märchen (21), das in einer Sammlung deutscher Märchen aus dem Donaulande erzählt wird, zeigt zunächst sehr drastisch, was geschieht, wenn man der Forderung nach Entwicklung, nach Fortgang des Lebens und damit auch nach vermehrter Autonomie nicht Folge leistet oder nicht Folge leisten kann.

Im zweiten Teil des Märchens bahnt sich dann eine Entwicklung aus dieser Situation an, eine Entwicklung, die mit der Autonomieentwicklung eines Mädchens zusammenhängt. Katzen spielen dabei eine wesentliche Rolle, wie es uns ja auch der Titel des Märchens nahelegt.

Die Katze ist ein dem Menschen sehr nahes Tier, nimmt

Beziehung auf, kann Beziehung erwidern, erfüllt Bedürfnisse nach Zärtlichkeit, hat eine gewisse Verläßlichkeit und bleibt trotzdem dem Menschen sehr gegensätzlich und geheimnisvoll. Das alles macht sie zu einer sehr geeigneten Projektionsträgerin für viele menschliche Eigenschaften.

So bezeichnen wir das Zusammentreffen von Aggressivität und Zärtlichkeit als katzenhaft; die Katze als ursprüngliches Raubtier kann ja sehr aggressiv sein, ist aber auch sehr anschmiegsam, kann aber auch einfach da sein. Sie lebt Selbstbehauptung und Hingabe in einer glücklichen Verbindung. Sie lebt ihre Lust am Taktilen hemmungslos aus und regt auch uns Menschen zum Streicheln, Berühren, zum Schmusen an. Man weiß von ihr aber auch, daß sie gern streunt und ein recht ausschweifendes Sexualleben hat. In Übertragung all dieser Eigenschaften, auch im Zusammenhang mit ihrer Eleganz, werden dann Frauen manchmal «Kätzchen» genannt, oder despektierlich einfach «Katze». Da ist sie dann schon meist Sexualobjekt geworden.

Katzen sind aber auch mütterlich, können sich vor allem auch gut von ihren heranwachsenden Jungen wieder ablösen; sie stoßen ihre Jungen gut in die Autonomie hinein.

Grundsätzlich verbinden wir eine starke Ambivalenz mit Katzen; wir erleben die Katze auch doppelt: sie ist ein Raubtier und ein Schoßtier, Zärtlichkeit *und* Angriff erfolgen in raschem Wechsel, Kampf und Spiel gehen ineinander über. Sie ist uns vertraut, und doch hat sie, unter anderem auch durch ihre besonderen Augen, etwas Geheimnisvolles. Sie kann ja bekanntlich im Dunkeln sehen, hat also Zugang zum Verborgenen. In ihrem Beziehungsverhalten kombiniert sie Symbiose und Autonomie, rhythmisch wechselnd. Sie hat ein Bedürfnis nach Streicheleinheiten, die sie sich holt, wo es sie gibt, aber doch auch wieder nicht ganz wahllos; sie hat aber auch ein Bedürfnis nach Freiheit. Ortsgebunden, wie sie ist, kommt sie auch immer wieder zurück. Sie verkörpert sozusagen ein Ideal der autonomen Treue. Sie bringt in ihrem Leben mühelos zusammen, was uns doch recht schwerfällt, und bleibt dabei doch meistens geliebt.

Als Tier symbolisiert die Katze die Tierebene in uns, die Ebene des Körpers und der damit verbundenen Emotionen, der Phantasien, die nicht bewußt, aber doch recht nah am Bewußtsein sind. In der Mythologie gehört sie zu den Muttergöttinnen; besonders ausgeprägt und gut belegt ist das in der ägyptischen Mythologie. Die Katze ist das heilige Tier der Göttinnen Bast(et), Nut, Hathor, Tefnut, und wie die großen Muttergöttinnen der verschiedenen Perioden der ägyptischen Mythologie alle heißen. Die Muttergöttin ist aber niemals nur Mutter, sie steht für Fruchtbarkeit, Nahrung, Kinder, Lust, Sinnlichkeit, Körperlichkeit, für neues Werden (Frühling) und Tod. Im Laufe der Zeit wurde die Muttergöttin durch die patriarchalen Religionen entwertet. Mythologisch wird dann aus der großen weiblichen Göttin die Hexe, und ihre Tiere, damit auch die *Katze,* werden zu Hexentieren.

Erlebnismäßig ist das Katzenhafte natürlich Männern und Frauen zugänglich, wenn wir es zulassen. Wir erleben es vor allem im Beziehungsbereich, in unserer gelebten, zugelassenen Zärtlichkeit, aber auch in dem abrupten Uns-Abgrenzen durch Aggression – und je mehr das Katzenhafte noch eben katzenhaft und damit unbewußt ist, um so schärfer werden diese Übergänge sein. Dieses Verhalten wird uns innerhalb unserer Beziehungen sehr zu schaffen machen, desto mehr, als unser normales doppeltes Bedürfnis nach Geborgenheit, aber auch nach Freiheit innerhalb einer Beziehung ohnehin schon Probleme schafft.

Im Alltagsleben zeigt sich eine durch Bewußtsein und durch Reflexion ungehemmte Katzenhaftigkeit etwa so, daß ein Mensch, der eben noch hingebungsvoll mit einem anderen schmust, plötzlich aufschießt und sagt: «Ich gehe jetzt schnell ein Bier trinken.» Und obwohl eines im Kühlschrank steht, verläßt er/sie das Haus und wird vorläufig nicht mehr gesehen. Wir verstehen die Reaktion natürlich als Reaktion auf eine sehr große Nähe, die Angst machen kann, Angst, man könnte sich ganz im anderen verlieren – und anstatt sich *innerhalb* der Situation vom andern abzugrenzen, ergreift man die Flucht. Das Ausgespanntsein zwischen Symbiosebedürfnissen und dem Bedürfnis nach Freiheit wird uns in diesen Situationen besonders bewußt.

Letztlich imponiert uns an der Katze, daß sie, trotz allem Bedürfnis nach Zärtlichkeit, tut, was sie will; darum beneiden wir sie auch. Vielleicht nennen wir sie deshalb auch falsch.

Aber wenden wir uns nun dem Märchen zu. Der Märchenanfang erzählt von einem König und dessen Sohn. Der König hat seine Frau verloren, König und Sohn sind also verlassen. In der Trauer läßt der König seine Frau als die «wunderschöne Frau», die sie war, immer wieder erstehen.

Jemanden zu verlieren, auch durch den Tod zu verlieren, bedeutet immer auch, daß man sich wieder auf sich selbst zurückbesinnen muß. In einer Beziehung gibt es wohl so etwas wie ein Beziehungs-Selbst, das aber niemals alle Aspekte des eigenen Selbst mitenthalten kann. Stirbt ein Partner, dann muß man sich auf das eigene Selbst wieder zurückorganisieren; das ist die Funktion der Trauerarbeit (22). In diesem Sich-Zurückorganisieren, in diesem Sich-Zurückbesinnen auf das eigene Selbst liegt aber auch eine große Chance: Jetzt wird es wiederum möglich, sich zu überlegen, was denn wirklich die ureigenste Aufgabe eines jeden ist, was denn der Individuationsweg von einem will. Eine neue Beziehung eingehen, nachdem man verlassen worden ist, kann dann einmal real bedeuten, daß man sich wieder aufs Leben einläßt, auch wenn es diese grauenvollen Verlusterlebnisse enthält, die man ja nun am eigenen Leib erfahren hat, daß man akzeptiert, daß der Tod zum Leben gehört. Eine neue Beziehung eingehen kann aber auch, symbolisch verstanden, besagen, daß wir uns nun mit einem neuen Aspekt von uns selbst, mit einer neuen Neigung, einer neuen Faszination zu befassen haben.

Jeder Verlust birgt in sich die Chance eines Neuanfangs, und dieser Neuanfang bietet auch die Möglichkeit, unsere Autonomie weiterzuentwickeln.

Daß die Königin im Märchen gestorben ist, bedeutet, daß eine neue Verbindung des Männlichen mit dem Weiblichen gesucht werden muß: sei die Königin nun wirklich als tot zu verstehen oder als symbolisch gestorben, so daß es für beide darum ginge, in eine neue Phase ihrer Beziehung einzutreten, in der auch eine andere Beziehungsphantasie wirksam werden müßte: nicht einfach nur die Phantasie, die sich um einen glücklichen König mit seiner wunderschönen Frau rankt.

Das Märchen zeigt auch, wie schmerzlich ein Verlust ist, wie sehr der Tod eines geliebten Menschen eine erzwungene Autonomieforderung des Lebens an einen darstellt.

Der König aber verharrt in seiner Trauer. Er benimmt sich wie ein Mensch, dem das, was am schönsten in seinem Leben war, was ihn am meisten erfüllt hat, weggenommen wurde, und der keine Hoffnung auf irgend etwas Neues mehr hat. Der Weg in die Zukunft ist verschlossen, es gibt gar keinen mehr. Der König dürfte in dieser Phase sehr depressiv sein, in der Erinnerung an seine Frau macht er diese wohl auch immer noch schöner und damit seinen Schmerz noch größer. Er ist nicht fähig, seinen Schmerz zu opfern.

In dieser Situation, in der er überhaupt nicht mehr auf die Welt zugehen kann, kommt die Welt auf ihn zu: Ein tief verschleiertes Frauenzimmer will ihn heiraten. Sie ist verborgen, verhüllt, eine Katze im Sack sozusagen, aber voller Brillanten, die ihm wohl ihren Wert zeigen und sie begehrenswert machen sollten. Ist sie eine Hexe, wie das Märchen sie darstellt, oder wird sie so destruktiv erst durch die Ablehnung, durch die negative Projektion? Hexen sind ja nicht einfach destruktiv: je nachdem wie man sich ihnen nähert, können sie hilfreich oder auch zerstörerisch sein (23).

An dieser Szene mit der verschleierten Frau wird sehr deutlich, was geschieht, wenn wir Anrufe zur Autonomie, nach einer angemessenen Frist des Zögerns, nicht wahrnehmen: das Neue, das in uns werden will, wendet sich gegen uns, wird destruktiv erlebt, versteinert uns letztlich – wenn wir den Tod und damit die Wandlung, auch nach einer angemessenen Frist des Trauerns, nicht akzeptieren, dann sind wir bald «wie tot»...

Diese Hexe ist ja nun eine sehr besondere Hexe: Alle Energie, die dem König fehlt, ist bei ihr anzutreffen. Sie hat einen «schiachen Zorn», sie speit Gift und Galle, hat unermeßliche Rachegelüste und auch große Macht, fürchtet sich doch sogar das Feuer vor ihr. Sie hat Beziehung zum Feuer und zu den Kräutern, also zu Wandlungsprozessen ganz allgemein, wobei diese natürlich in heilender oder in verderbender Absicht eingesetzt werden können.

Diese Hexe kennt aber auch noch «grausliche» Sprüche und Flüche und ist auch eine Wetterhexe. Sie ist mit der Natur in einem ganz umfassenden Sinn in Kontakt und kann mit ihr umgehen, kann sie auch beherrschen. Wenn wir davon ausgehen, daß sich das in ihr verkörpert, was in der Beziehung des Königs zu seiner Frau bisher gefehlt hat, dann wäre es diese ganze die Naturseite vertretende Weiblichkeit, die wandeln kann, die den Sinn für Veränderungen hat. Daß dieser Sinn dem König fehlt, ist deutlich – er kann nicht an Wandlung des Lebens und damit auch nicht an Verbesserung seiner Lebenssituation glauben. Auch der Sohn ist in diese Geisteshaltung miteinbezogen.

Die Hexe ist ja nun offensichtlich narzißtisch gekränkt durch die Zurückweisung des Königs und gerät darüber auch in eine narzißtische Wut, in eine ungeheure, profunde Wut hinein, vermischt mit Rachebedürfnissen. Die Szene der Zurückweisung kann man nun doppelt verstehen: objekt- und subjektstufig.

Objektstufig gedeutet hätte der König in der Hexe wirklich eine Frau beleidigt und zurückgewiesen, die neues Leben hätte bringen können, etwas, was auch durch die schöne Königin noch nicht verkörpert wurde. Die Frau bekommt daraufhin einen wilden Zorn und rächt sich – sie ist ja gedemütigt worden – und würde nun auch einen Schatten auf den König werfen. Nicht jeder kann es aber gut ertragen, wenn er von andern Menschen auf seine dunkle Seite hin angesprochen wird, nicht jeder ist «schattenverträglich». Mehr kollektiv gesehen, hätte sich in der Hexe ein neues Bild des Weiblichen konstelliert, was dann ja auch die Beziehung verändern würde, der König aber kann und will nicht auf das Neue eingehen.

Wenn wir die Hexe, subjektstufig verstanden, als Persönlichkeitsaspekt des Königs sehen, dann bedeutet es, daß der König unbewußt sehr gekränkt ist, weil er seine schöne Frau verloren hat. Seine Wut und seine Rachebedürfnisse stoßen ihn immer noch weiter in seine Depression hinein, er kann nicht akzeptieren, daß er seine idealisierte Frau verloren hat, er kann sich nicht auf einen andern Aspekt des Lebens und des Frauenbildes einstellen.

Wir kennen diesen Zustand in abgeschwächtem Maße wohl alle, wenn wir, weil wir etwas nicht loslassen können oder nicht loslassen wollen, an Ort und Stelle treten und die gesamte Energie, die eigentlich für den Neuanfang da wäre, nun dazu benützen, innerlich gegen uns selbst zu wüten und zu toben. Man versteinert dabei innerlich und wird dann wirklich langsam einem krächzenden Raben gleich, weil man sein Unglück in wenig variierter Weise immer wieder herauskräht.

Dieser große Felsofen im tiefen Schnee, die Raben, die gottsjämmerlich krächzen und so ruhelos sind, die mit Wasser bedeckten, gefrorenen Gärten – das alles ist ein Bild für die erstarrte psychische Situation des Königs; alles was noch Leben bringen könnte, zum Beispiel das Wasser aus dem Fels, ist erstarrt. Das Wasser aus dem Fels ist für uns ein Symbol des Lebendigen, das selbst durch einen Fels nicht gehemmt werden kann. Aber hier ist es erstarrt. Jedes der angesprochenen Hoffnungssymbole ist in einem Zustand dargestellt, in dem es eben gerade keine Hoffnung mehr zeigt. Nur die Ruhelosigkeit der Raben erinnert noch an Lebendigkeit, aber welches Zerrbild von Lebendigkeit ist das! Die Rastlosigkeit erstarrter Menschen ist darin ausgedrückt.

Allerdings ist die Verzauberung, so schlimm sie auch ist, doch nicht so, daß keine Erlösung mehr möglich wäre: erlöst werden könnte der König – und auch sein Sohn, der sich als die neue Lebensmöglichkeit auch nicht durchsetzten kann und das Schicksal des alten Königs teilt –, wenn eine Jungfrau auf außergewöhnlichem Gespann über den See in den Felsen hineinführe und den Raben küßte. Das

ist eine Erlösungsform, bei der der König nichts zu seiner Erlösung dazutun kann, er muß warten und seinen Zustand aushalten.
Allerdings ist in dem Bild eines Felsofens eine leise Hoffnung enthalten: immerhin ist der Ort der Verlassenheit noch ein Ofen, also ein bergender Raum, in dem Verwandlung möglich zu sein scheint. Das Märchen zeigt immer wieder, in kleinsten Nuancen eines Bildes oft, daß wir – solange wir leben – auf Verwandlung hoffen können, die Situation sei so verfahren wie sie will. Diese Hoffnungsschimmer dürfen aber nicht darüber hinwegtäuschen, daß die Situation hier im Märchen vorerst ganz trostlos ist, ein Bild für einen erstarrten, erfrorenen seelischen Zustand. Allenfalls kann man die Raben, die um den düsteren Berg kreisen, als düstere Gedanken, vielleicht sogar Todesgedanken sehen, die auch immer um das gleiche, nämlich um das eingetretene Unglück, kreisen und damit doch nichts verändern. In den Gärten wächst nichts mehr – es wächst nun wirklich nichts Neues, keine neue Nahrung, keine neuen Blumen. Orte, an denen man sich normalerweise gerne aufhält, gibt es nicht mehr. Dieser depressive, erstarrte Zustand muß ausgehalten werden – und zwar sehr lang.
Da in diesem Märchen erst ein Mädchen aus der übernächsten Generation die Erlösung in Gang setzen kann, nehme ich mit v. Beit/v. Franz an, daß es hier sich um eine Problematik handelt, die sich über Generationen hinwegzieht (24).
Hier wäre ein Gedanke, den wir im Märchen «Die Zottelhaube» ein erstes Mal aufgegriffen haben, weiter zu verfolgen: Wie weit ist unsere Autonomie-Aufgabe jeweils geprägt von den nicht geleisteten Autonomie-Schritten unserer Elterngeneration? Oder erleben wir uns dann als au-

tonom, wenn *wir* etwas verwirklichen, was bisher im Familiensystem ausgespart war? Selbstverständlich wirkt sich die mangelnde Autonomie der Eltern auch auf die Kinder aus: nehmen sie doch zunächst an dem gleichen System teil; die Lebensaufgabe, die die Elten nicht erfüllt haben, wird aber wohl darüber hinaus zu der Lebensaufgabe, die die Kinder zu erfüllen haben.
Nun gilt es aber doch auch zu bedenken, daß dieser verzauberte Rabe noch immer der König ist, er stellt noch immer das Leitmodell für die Lebenssituation der Menschen dar: ein Modell, in dem man sich gegen Entwicklung sträubt, wo ein Loslassen von idealisierten Bildern nicht möglich ist, wo alle Kräfte, die ins Leben drängen würden, sich gegen einen wenden und daher ein erstarrter Zustand verbleibt.
Ein Modell auch, in dem das Weibliche keinen Raum mehr hat. Wenn ein König dieses Modell setzt, dann hat das seine Auswirkungen auf das Leben seiner Untertanen: Vielleicht ist das Eheleben in der Holzhackerhütte ein Bild dafür, wie menschliche Beziehungen aussehen können, wenn das Ideal ein «Festhalten um jeden Preis», auch um den der Erstarrung, ist.
Der Mann in der Holzhackerhütte ist bettelarm, kann sich also mit seiner Arbeit im Wald kaum ernähren – die Mutter Natur ernährt auch ihn nicht mehr; die Frau ist blitzdumm, also letztlich auch bettelarm. Nicht einmal hexen hat sie gelernt, die reale Frau wird als ausgesprochen blöde hingestellt. Jedenfalls scheint sich das Eheleben in Kampf und Streit zu erschöpfen, wie es oft der Fall ist, wenn sich nichts wirklich verändern darf. Der Mann wendet sich ausschließlich seiner kleinen Tochter zu, die er noch aus der ersten Ehe mitbrachte, ein Versprechen für die Zukunft aus einer besseren Vergangenheit. Aber da der Mann

die Bedürfnisse seiner Frau überhaupt nicht wahrnimmt, sie ausschließt, auch sie in eine Isolierung hineinstößt, ist es natürlich, daß sie selber auch sehr eifersüchtig wird und dieses Mädchen am liebsten umbringen möchte. Die Situation innerhalb der Beziehung in der ganzen Familiendynamik ist höchst destruktiv.

Immerhin findet hier – in der Holzhackerhütte wenigstens – eine Auseinandersetzung statt, ohne daß eine Verbesserung der Situation in Sicht wäre, ein Verschlechterung ist auch kaum mehr möglich, also stabilisieren sich die beiden in ihrer Destruktivität. Die Situation des Mädchens muß eine grauenhafte sein: Nachdem es die erste Mutter schon verloren hat, muß es, vom Vater bevorzugt, von der Mutter dafür auf den Tod gehaßt, das Gefühl haben, eigentlich keinen Platz in dieser Familie und auf der Welt zu haben, und doch diese Familie um keinen Preis verlassen zu dürfen, der Vater ist ja auf es angewiesen. Auch hier tritt uns wieder lähmende Enge entgegen: ein Kind in einer derartigen Lebenssituation müßte vor Angst wie gelähmt sein.

Und jetzt, da dieses Gefühl des Lähmenden sich so sehr ausbreitet, bekommt die Katze Junge, vier weiße, allerliebste junge Katzerl. Sieht man die vier jungen Kätzchen vor sich, wird sehr deutlich, wie nun gegen all die vorangegangenen Bilder der Erstarrung ein Bild des bewegten Lebens gesetzt wird. Die alte Katze stirbt aber bei der Geburt. Am Schicksal der Katze ist ausgedrückt, daß jetzt eine neue Lebenssituation eintritt, daß dabei etwas Altes stirbt und etwas Neues geboren werden kann, aber noch auf der Ebene der Tierstufe, als Ahnung verstanden, als Hoffnung, aber auch als etwas, worauf man instinktiv vertrauen kann. Daß die Katze auftritt, bedeutet, daß jetzt die Themen einer guten Aggression, der Autonomie, der Zärtlichkeit und der neuen Fruchtbarkeit angesprochen werden, daß neue Aspekte des Weiblichen wiedergeboren werden – und in eine Beziehung zu diesem Mädchen treten –, daß das Leben wieder lebendig wird.

Der Mutter-Archetypus konstelliert sich neu, dargestellt in den weißen Kätzchen, also noch sehr scheu – Weiß ist ja auch die Farbe des Anfangs –, aber auch dargestellt in einem Tier, von dem man sagt, es habe sieben Leben; eine neue seelische Entwicklung bahnt sich an, die nicht leicht zu stören sein wird. Eine neue Haltung dem Leben und dem Lebendigen gegenüber wird hier geboren.

Zunächst zeigt sich diese neue Haltung darin, daß die jungen Kätzlein aus dem Mädchen die mütterlichen Instinkte herausholen; es zieht die Jungen auf, und sie sind seine ganze Freude. Die ganze Mütterlichkeit, die sie bei ihrer Stiefmutter entbehrt, entwickelt sich selbst den Katzen gegenüber. Sie nimmt die Stellung der Katzenmutter ein. Das Märchen nennt dieses Mädchen ja auch gutherzig.

Man wagt zu hoffen, daß jetzt das Leben wieder weitergehen kann, daß ein zärtlicher, fruchtbarer, lebendiger Aspekt ins Leben hereinkommen kann. Wenn aber eine Situation so verhärtet gewesen ist, dann geht das alles nicht so leicht. Wann immer wir in unserem Leben einen Drang nach vorwärts zu spüren meinen, wann immer wir das Gefühl bekommen, etwas Neues erleben, erfahren und bewirken zu können, dann erhebt sich auch die alte Situation, aus der wir uns herausentwickelt haben, noch einmal mit aller Kraft, als müßte eine Prüfung stattfinden, ob die Impulse, die nach vorwärts weisen, auch stark genug sind.

Ganz real: Würde es einem Mädchen in einer entsprechenden Lebenssituation gelingen, positive mütterliche Gefühle für etwas zu entwickeln – etwa Tieren gegenüber –, damit aber auch in eine gute Beziehung einzutreten, sich an etwas zu binden, dann würde ganz bestimmt eine solche

Mutter versuchen, die ja selber auch zu kurz kommt und deren Wut verstehbar ist, das Glück ihrer Tochter zu stören. Die Tochter soll es dann nicht besser haben, als sie es gehabt hat. Intrapsychisch könnte diese Situation so verstanden werden, daß jemand, der von einer negativen Mutterproblematik geprägt ist, sich selber gegenüber Mühe hat, mütterlich in einem guten Sinn zu sein. Gelingt dies doch, und zwar meistens dadurch, daß man etwas zu schützen bekommt, dann pflegt doch bald eine innere Stimme dazwischen zu reden, die sagt, daß das alles doch wertlos sei.

Kaum wird Hoffnung auf neues Leben möglich, kaum werden Haltungen des Sorgens und Pflegens, die aus dieser Hoffnung erwachsen, erprobt, da konstelliert sich auch schon wieder eine destruktive Einstellung. Das zeigt sich häufig dort, wo in problematischen kollektiven Lebenssituationen eine Gruppe von Menschen Ideen entwickelt, wie Leben denn doch weitergehen könnte, und wo dann plötzlich eine Gegenpartei auftritt, die sich gegen diese neuen Ideen wendet, sie belächelt oder unzweideutig ausdrückt, warum sie nicht realisierbar seien.

Nicht selten steckt dahinter Neid, weniger auf die Ideen an sich, sondern die Tatsache, daß es Menschen gibt, die immer noch Hoffnungen zu haben wagen, die für diese Hoffnungen auch etwas einsetzen, für die also der Weg in eine Entwicklung und damit auch in eine größere Autonomie hinein – und wäre es nur Autonomie gegenüber der kollektiven Verzagtheit – möglich ist.

Es scheint ein Gesetz zu sein, daß dort, wo sich etwas Neues auftut, auch das Beharrende sich zeigt. Das gilt auch intrapsychisch. Der König unseres Märchens aber hat sich dieser Spannung, die menschliches Leben kennzeichnet, entzogen, er hat sich auf die Position des Sich-Wehrens ge-

gen Veränderung zurückgezogen – und deshalb ist er so erstarrt.
Auch die Frau des Holzhackers verharrt, wenn auch auf anderer Ebene, in der Haltung des Königs: zwar wagt sie nicht, das Mädchen selbst zu töten, aber indem sie Anweisung gibt, die Kätzchen zu töten, nimmt sie ihm seinen ganzen Lebensinhalt. Symbolisch verstanden würde diese Mutter die mütterliche Seite des Mädchens, damit aber auch dessen wachsende Autonomie zerstören wollen – und ihm damit einen ungeheuren Schmerz zufügen.
Was zu Beginn des Märchens in der Spaltung zwischen der schönen Königin, die gestorben ist, und der «schiachen» Hexe sich zeigt, zeigt sich hier im Kampf des Mädchens gegen die Hexentochter. Zudem haben wir hier wiederum eine Situation des Hergeben-Müssens, dessen Sinn nicht einzusehen ist, vor uns. Dem Mädchen fällt es schwer, den Befehl der Stiefmutter auszuführen.
«Ein solcher Schmerz fiel sie an, daß sie vor Leid umfiel und bitterlich weinte, und auch die Kätzchen raunzten im Sack», so sagt das Märchen. Dieser Schmerz überfiel sie, als sie ein Loch ins Eis schlug, und dieses Eis ist ja auch das ungeheure Eis des Königs.
Ist es dieser ausgedrückte und auf Lebendiges bezogene Schmerz um die Kätzchen und um sich, ein Schmerz von anderer Qualität als der erstarrte Schmerz des Königs, der das Loch ins Eis haut, das Eis schließlich brechen läßt? Der Umschlagspunkt erfolgt, als das Mädchen dabei ist, alles herzugeben – trotz seines ungeheuren Schmerzes –, als eigentlich nichts mehr zu erwarten ist. Jetzt, eingeschlafen – und das folgende könnte eigentlich ein Traum sein –, hört sie eine Stimme, die sagt: «Steig ein, steig ein»... Ob die Stimme aus dem Loch im Eis kam, also direkt aus dem Unbewußten?

Das Einsteigen hier ist als Entwicklungsschritt zu verstehen: statt die Kätzchen umzubringen, statt der Mutter zu gehorchen, soll sie einsteigen, sich wegtragen lassen, ohne zu wissen wohin, sich in Bewegung bringen lassen, es darauf ankommen lassen, wohin dann der Weg führt, das Risiko eingehen, das bisher immer vermieden worden ist. Hier ist dieser Schritt des Sich-Einlassens besonders betont, ist es doch eine Aufforderung mit magischem Charakter – ein Befehl vom Schicksal vielleicht. Und natürlich kann man sich jetzt wieder fragen, ob denn das Autonomie ist, wenn wir so sehr einer inneren Stimme gehorchen. Die Autonomie besteht darin, daß sie selber einsteigt, daß sie den Anruf wahrnimmt. Natürlich ist es wieder nur eine relative Autonomie, doch immerhin nimmt sie den Anruf wahr und steigt ein. Auch findet hier eine Trennung von den Eltern statt.

Ein glücklicher Ungehorsam! Die Spannung zwischen einem Gehorsam gegenüber der Mutter und dem Gehorsam gegenüber der inneren Stimme – dem Schicksal – wird in dieser Szene sehr deutlich; es ist eine Spannung, die alle Schritte zur Autonomie kennzeichnet. Autonomie-Entwicklung, so sagt das Märchen, findet dann statt, wenn wir dem persönlichen Schicksal mehr gehorchen als der Mutter.

Das Mädchen läßt sich von den Katzen ziehen, symbolisch verstanden: es läßt sich jetzt führen von dem, was die Katzen in ihr ausgelöst haben, nämlich von der starken Liebe zum Lebendigen, vom Vertrauen zum Lebendigen, zur Zärtlichkeit, aber auch zur Autonomie, die immer auch Hoffnung auf Zukunft, auf Weiterentwicklung beinhaltet. Sie läßt sich letztlich ihre Gefühle, den aufbrechenden Eros, nicht ertränken im See des Königs, der ganz erstarrt ist, sie wagt das Neue.

Dieses Bild des von vier Katzen gezogenen Wagens hat ein mythologisches Vorbild: Freya, die Göttin der Fruchtbarkeit, der Ehe, die Muttergöttin der Germanen, ließ sich von einem Katzengespann durch die Lande ziehen. Vielleicht ist es typisch, daß sie die Katzen vorgespannt hat, sonst zeigt sie nämlich keine erotischen Züge. Immerhin läßt sie sich von ihren Katzen ziehen...

Dieser von vier Katzen gezogene Wagen ist ein archetypisches Bild, ein Bild, das in der Menschheitsgeschichte, aber auch in Träumen, Phantasien einzelner Personen immer wieder eine Rolle spielt. Es bedeutet dann etwa, daß man jetzt für einen Augenblick in einer Identifikation mit der Muttergöttin lebt, von ihr aufgenommen ist, daß von ihr aus ein Entwicklungsanreiz sich bemerkbar macht. Man erlebt das so, daß man sich plötzlich in einer neuen Lebendigkeit und Sinnhaftigkeit spürt.

Diese archetypischen Mutterbilder konstellieren sich – wie hier – in Situationen, in denen man sehr verzweifelt ist, vor allem aber auch bei der Ablösung von der realen Mutter, wo plötzlich alles Mütterliche im Leben tragend wird, oder aber auch, wenn das Erlebnis von Mutter an der eigenen Mutter besonders einseitig war. Solche Bilder, die in der Seele lebendig werden, initiieren dann einen Schritt in eine neue Entwicklung hinein, wenn das Ich diesen Entwicklungsschritt auch aufnimmt, das heißt hier: einsteigt.

Im Umgang mit den Kätzchen ist zweierlei geschehen: das Mädchen hat seine mütterlichen Gefühle entwickelt, es hat aber auch seine eigenen Katzenseiten entwickelt, und von dieser Seite her ist es zunächst zum Aufbruch und zu Mut zur Autonomie aufgefordert worden. Sobald das Mädchen aufbricht, beginnt auch das Eis zu brechen; damit wird der Fluch gebrochen, das ganze Problem wird angehbar. Allerdings gibt es auch keinen Weg mehr zurück. Auch ist

man, wenn man sich in diese Passage einfühlt, ganz froh darüber, daß es nicht im eisigen Wasser versinkt.
Auch hier zeigt sich wieder eine Gesetzmäßigkeit der Wege in die Autonomie: sie sind sehr unsicher, auch wenn man sich sehr gezogen fühlt, auch wenn ein Hochgefühl sie begleitet.
Das Gefährt fährt in die Höhle hinein und das Mädchen steigt ohne Aufforderung aus. Darin kann man einen Autonomiezuwachs des Mädchens sehen: es entscheidet nun selbst, was es tun will. Und jetzt kann es das einschließend Mütterliche sehen, in dem es schon lange hat leben müssen, das Erstarrte, Versteinerte, auch die damit verbundene Depression. Denn wenn die Lebenssituation für alle so versteinert ist, dann nehmen natürlich auch die Kinder teil an dieser erstarrten Situation. Jetzt, da das Mädchen daran ist, sich aus diesem Mutterbereich herauszugeben, jetzt sieht es, wie dieser Mutterbereich wirklich ausgesehen hat, dargestellt in der Höhle. Auch hierin besteht eine Gesetzmäßigkeit psychischer Prozesse: erst wenn wir daran sind, uns aus einer Situation herauszuentwickeln, dürfen wir uns zugeben, wie diese Situation wirklich war, können wir sie wahrnehmen, ohne sie positiv – oder negativ – umdeuten zu müssen, und dann entwickeln wir auch ein Gefühl für uns in dieser Situation, die wir über-lebt haben. Das ist auch in Therapien zu bedenken.
An sich sucht das Mädchen die Katzen, aber die Katzen sind verschwunden. Sie braucht die Katzen nicht mehr, sie hat selber eine zärtliche, spontane, selbständige Beziehungsfähigkeit entwickelt. Das zeigt sich darin, daß sie diesen alten kreischenden Raben aufnimmt und spontan küßt. Sie akzeptiert die Rabengestalt, die mit dieser erstarrten Situation zusammenhängt, sie akzeptiert, daß, wenn der mütterliche Bereich so versteinert ist, depressi-

ves, vielleicht sogar zudem auch wehleidiges Verhalten die Folge sein muß. Auch das ist eine Form der Autonomie: rückblickend auf sein Leben zu akzeptieren, daß gewisse Dinge einfach gar nicht anders sein konnten, sich also auch nicht weiter darüber zu grämen. Dann bleibt man nicht immer an diese Situation gebunden; es bindet uns ja nichts so sehr an unsere Vergangenheit, wie die nicht endende wütende Auseinandersetzung mit ihr. Auch sie ist möglich und nötig, aber sie muß, wollen wir nicht ein Leben lang an unseren Verwundungen hängenbleiben, einmal ein Ende haben. Auch da muß man einmal loslassen können.

Indem das Mädchen die Dunkelgestalt des Königs akzeptiert und liebend aufnimmt, damit aber auch eine Dunkelgestalt von sich selbst, kann sich auch seine lichte Gestalt wieder zeigen. Die Welt kracht, als ginge sie in Trümmer, was aber wirklich in Trümmer geht, das ist die erstarrte Situation, die Welt wird eigentlich neu geschaffen.

Äußeres Zeichen dafür ist, daß das Mädchen auch Braut des Königssohnes und damit Königin des Landes werden soll. Das scheint mir in diesem Märchen besonders wesentlich zu sein, war doch in ihm die Lebenssituation für die Frauen alles andere als gut geschildert: entweder mußten sie sterben, oder sie wurden zu Hexen, allenfalls waren sie «blitzdumm». Das heißt aber, daß sie nicht akzeptiert wurden, dadurch wurde die so sehr männlich geprägte Welt dann so starr. Jetzt bekommt die Frau eine bevorzugte Stellung, vielleicht sind sie als Königin und König sogar gleichgewichtig in ihrer Bedeutung. Es ist sehr selten bei den Märchen aus dem Donauland, daß eine Frau Königin wird, sagt also etwas Entscheidendes aus. Der alte König hat aber auch etwas dazu gelernt: er hält nicht mehr fest, er gibt sogar sein Königreich ab, er überläßt es jungen Kräften.

Das Märchen klingt mit einer humorigen Ausgangsformel aus, in der allerdings symbolisch noch einmal das Eingeschlossensein (im Schnappsack) und die Befreiung daraus dargestellt ist. Das Fest wäre dann das Feiern des neuerwachten Lebens, das man auch als Märchenhörer/hörerin eben dann mitvollziehen kann, wenn man sich zuvor auch in die Erstarrung hinein hat mitnehmen lassen.

Deutet man dieses Märchen auf einer mehr kollektiven Ebene, dann haben wir eine Situation vor uns, wo das Weibliche nur akzeptiert wird, wenn es «hell» ist (wunderschön) – sonst aber wird es vom Leben ausgeschlossen. Auch dem König scheint der kraftvoll-dunkle Aspekt zu fehlen. Die Entwicklung zu mehr Autonomie geht dahin, daß die Seiten, die ausgespart worden sind, ins Leben hereingeholt werden. Da weigert sich aber der König. Es wird aus dem Märchen ersichtlich, daß in ihm dem Bild der wunderschönen Frau, die vielleicht einer Imago der Maria entspricht, das der Hexe und auch der Freya entgegenstehen, wobei diese Natur-Hexe auch die Freya ergänzt. Hexe und Freya können aber nur aus dem Untergrund ihr Unwesen treiben, andererseits – nach langer Zeit – aber doch die Erlösung einleiten, wenn sie akzeptiert sind. Die Erlösung besteht darin, daß diese dunkle Seite, in der sich überhaupt die alten Götter zeigen, integriert wird, indem ein Mädchen bei sich diese Seite integriert. Verwandlungen im Bereich des Weiblichen zeigen sich, wenn Frauen, bei denen sich dieser Bereich konstelliert, diesen auch im Leben realisieren.

Andererseits muß aber auch der König selbst seine dunkle Seite integrieren. Ich habe bisher den Raben immer in Zusammenhang mit den düsteren Gedanken gesehen, die den König sicher heimgesucht haben dürften. Es bleibt aber auch zu bedenken, daß die Raben die weisen schwarzen

Vögel des Wotan sind, die diesem jeweils erzählen, was in der Welt vor sich geht. Allerdings sind die Raben in diesem Märchen nicht in diesem Zusammenhang gezeigt. Dass aber Wotan und Freya – als altes Götterpaar – auch mitleben wollen, dürfte doch ausgedrückt sein.

In diesem Märchen ist unterschwellig sehr viel Wildes, Kraftvolles zu spüren, das, wenn es nicht gelebt wird, zu solchen ungeheuren Erstarrungen führt, wie sie hier geschildert sind. Daß es darum geht, die Gegensätze zusammenzubringen, zeigt sich auch darin, daß etwa die kleinen weißen Katzerl dann letztlich zum schwarzen Raben führen.

Dabei sind weiße Katzerl in sich schon fast ein Gegensatz, ist doch weiß eher eine Farbe, die das Anfängliche, Unbeschriebene, aber auch etwas Spannungslose ausdrückt, während die Katze in sich ja gerade sehr stark helle und dunkle Seiten auf eine recht souveräne Weise zu vereinen pflegt.

Das Märchen zeigt uns eindrücklich, daß dann, wenn wir den Anruf zu Autonomie nicht wahrnehmen, erst nach langer Zeit der Erstarrung wieder ein neuer Entwicklungsschritt möglich wird.

VOM GOLDENEN VOGEL

Ein gewisser König hatte einen Lustgarten, in dem Garten stand ein Baum und der Baum trug goldne Äpfel. Wie sie nun zeitig geworden waren, fehlte gleich nach der ersten Nacht ein Apfel, so daß der König zornig wurde und seinem Gärtner befahl, alle Nächte unter dem Baum Wacht zu halten. Der Gärtner hieß seinen ältesten Sohn wachen, aber um zwölf Uhr Mitternacht schlief er ein, und am andern Morgen fehlte schon wieder ein Apfel. Da ließ der Gärtner seinen zweiten Sohn in der folgenden Nacht wachen, aber um zwölf Uhr Mitternacht da schlief er auch ein, und des Morgens fehlte noch ein Apfel. Da wollte nun der dritte Sohn wachen, und der Gärtner war es erst nicht zufrieden, endlich gab ers doch zu, und der dritte Sohn legte sich unter den Baum, und wachte und wachte, und als es zwölf schlug, da rauschte es so durch die Luft, und ein Vogel kam geflogen, der war ganz von purem Gold, und wie er gerade mit seinem Schnabel nach einem Apfel picken wollte, da war der Sohn des Gärtners her, und schloß eilends einen Pfeil auf ihn ab. Der Pfeil aber that dem Vogel nichts, als daß er ihm eine goldne Feder ausschoß, worauf er schnell fortflog. Die goldne Feder wurde nun des andern Morgens hin zum König gebracht, der alsbald seinen Rath versammelte. Jedermann erklärte aber einmüthig, daß diese Feder allein mehr werth wäre, als das gesammte Königreich. So sprach der König: «Nun hilft mir die eine Feder zu nichts, sondern ich will und muß den ganzen Vogel haben.»
Da machte sich der älteste Sohn auf, und gedachte den goldenen Vogel schon zu finden. Und wie er eine Strecke gegangen war, kam er an einen Wald; vor dem Wald saß ein Fuchs, gleich nahm er seine Flinte und zielte auf ihn. Da hub der Fuchs an: «Schieß mich nicht, so will ich dir guten Rath geben, ich weiß schon, wo du hin willst, du denkst den goldenen Vogel zu suchen; wenn du nun heut Abend in ein Dorf kommst, wirst du zwei Wirthshäuser stehen sehen, gegen einander über, im einen gehts hell und lustig her, kehr aber nicht in das ein, sondern ins andere, wenn es dich schon schlecht ansieht!» Der Sohn

aber dachte: was kann mir ein Thier ordentliches rathen! nahm die Flinte und drückte ab, aber er fehlte den Fuchs, der den Schwanz streckte und schnell zum Wald hineinlief. Der älteste Sohn setzte seine Reise fort, und Abends kam er in das Dorf, wo die beiden Wirthshäuser standen, in dem einen wurde gesungen und gesprungen, das andere hatte ein armseliges, betrübtes Ansehen. «Ei, ich wär wohl ein rechter Narr, daß ich in das lumpige Wirthshaus ginge und das schöne liegen ließe!», ging damit in das lustige zur Thüre hinein, lebte vollauf in Saus und Braus und vergaß den Vogel und seine Heimath.

Die Zeit verstrich, und wie der älteste Sohn immer und immer nicht nach Hause kam, so machte sich der zweite auf, und alles begegnete ihm gerade eben so, mit dem Fuchs und dem guten Rath, aber wie er vor die zwei Wirthshäuser kam, stand sein ältester Bruder im Fenster dessen, wo der Jubel war, und rief ihn hinein, so daß er nicht widerstehen konnte und es da guter Dinge seyn ließ.

Die Zeit verstrich, da wollte der jüngste Sohn auch in die Welt gehen, allein der Vater wollte es lange nicht zulassen, denn er hatte ihn gar lieb und furchte sich, es möchte ihm auch ein Unglück zustoßen, daß er auch nicht wiederkäme. Doch endlich, wie keine Ruh mehr war, ließ er ihn ziehen, und vor dem Wald begegnete ihm auch wieder der Fuchs und gab ihm den guten Rath. Er war aber gutmüthig und schenkte ihm das Leben, da sagte der Fuchs: «Steig hinten auf meinen Schwanz, so gehts schneller.» Und wie er sich darauf gesetzt hatte, fing der Fuchs an zu laufen, da gings über Stock und Stein, daß die Haare im Winde pfiffen.

Und als sie vor dem Dorf waren, stieg der Sohn ab, folgte dem Rath und kehrte, ohne sich umzusehen, in das arme Wirthshaus ein, wo er ruhig übernachtete. An andern Morgen stand der Fuchs wieder auf dem Weg und sagte: «Geh du immer gerade fort, endlich wirst du an ein Schloß kommen, vor dem ein ganz Regiment Soldaten liegt, die werden alle schlafen und schnarchen, kümmere dich aber nicht darum, sondern tritt ins Schloß hinein, so wirst du zuletzt inwendig in eine Stube kommen. In der Stube wird der goldne Vogel in einem hölzernen Käfig hangen, nebenan steht noch ein anderer prächtiger Goldkäfig zum Staat, thu ihn aber nicht etwa aus dem schlechten Käfig heraus, um ihn in den guten zu setzen, sonst möchte es schlimm gehen.» Nach diesen Worten streckte der Fuchs wieder seinen Schwanz aus und der Sohn setzte sich drauf, da gings über Stock und Stein, daß die Haare im Wind pfiffen.

Vor dem Schloß traf sich alles so, wie der Fuchs gesagt hatte. Der Königssohn trat in das Zimmer, da hing der goldne Vogel im hölzernen Käfig, daneben stand ein goldener, und die drei goldne Äpfel lagen in der Stube herum. Da dachte er: es wäre ja lächerlich, wenn ich den schönen Vogel in dem garstigen Käfig lassen sollte, machte die Thüre auf, packte ihn und that ihn in den goldenen Käfig. Indem hub der Vogel so mörderlich an zu schreien, daß die ganzen Soldaten davon erwachten, die nahmen ihn gefangen und führten ihn vor den König. Den andern Morgen wurde ein Gericht gehalten, da bekannte er alles und ward zum Tode verurtheilt. Doch sprach der König: «Unter der einen Bedingung soll ihm das Leben geschenkt seyn, wenn er mir das goldene Pferd bringt, das schnell wie der Wind läuft, und dann soll ihm der goldne Vogel obendrein geschenkt werden.»

Betrübt machte er sich auf den Weg und seufzte, da stand der Fuchs wieder vor ihm und sagte: «Siehst du, so ist es gekommen, weil du mir nicht gehört hast, doch will ich dir noch einmal rathen, wie du das goldne Pferd bekommen kannst, wenn du mir folgen willst. Du mußt gerades Wegs fortgehen, bis du zu dem Schloß kommst, worin das Pferd im Stall steht, vor dem Stall werden die Stallknechte schlafen und schnarchen, da kannst du geruhig das goldne Pferd herausführen, allein leg ihm nur den schlechten Sattel von Holz und Leder auf, und nicht den goldenen, der dabei hängt.» Darauf setzte er sich auf den Fuchsschwanz und es ging weg über Stock und Stein, daß die Haare pfiffen.

Alles traf so ein, die Stallknechte schnarchten und hielten goldne Sättel in den Händen. Und als er das goldne Pferd sah, dauerte es ihn, den schlechten Sattel aufzulegen; es wird ganz verschändet, ich will ihm einen guten geben, wie sichs gebührt. Und wie er dem einen Stallknecht den guten Sattel nehmen wollte, wachte er auf und die andern mit einander, daß alles herzulief und er ins Gefängniß geworfen wurde. Den andern Morgen wurde er wieder zum Tode verurtheilt, doch sollte ihm das Leben und dazu der Vogel und das Pferd geschenkt seyn, wenn er die wunderschöne Königstochter herbeischaffe.

Traurig machte der Sohn sich auf; und bald, so stand der alte Fuchs da: «Warum hast du mir nicht gehört, jetzt hättest du den Vogel und das Pferd, doch will ich dir noch einmal rathen: geh immer geradezu, Abends wirst du beim Schloß anlangen und Nachts um zwölf Uhr badet die schöne Königstochter im Badehaus, da geh hinein und gieb ihr einen Kuß, dann kannst du sie mit fortnehmen, nur leide nicht, daß sie vorher von ihren Eltern Abschied nimmt.» Der Fuchs streckte seinen Schwanz, und so ging es über Stock und Stein, daß die Haare pfiffen.

Als er beim Schloß ankam, war alles wie der Fuchs gesagt hatte, und Nachts gab er der schönen Jungfrau den Kuß im Badehaus, und sie wollte gern mit ihm gehen, bat ihn aber mit vielen Thränen, er sollte ihr vorher nur erlauben, von ihrem Vater Abschied zu nehmen. Erst schlug ers ab, allein sie weinte immer mehr und fiel ihm zu Fuß, bis daß ers zuließ; kaum aber war sie bei ihrem Vater, so wachte er und jedermann auf, und der Jüngling wurde wieder gefangen gesetzt.

Der König sprach zu ihm: «Meine Tochter bekommst du nun einmal nicht, es sey denn, daß du mir binnen acht Tagen den Berg, der vor meinen Fenstern liegt, abträgst, weil ich nicht drüber hinaus sehen kann.» Dieser Berg war aber so groß, so groß, daß ihn die ganze Welt nicht hätte abtragen können. Wie er nun sieben ganzer Tage fortarbeitete und doch sah, wie wenig oder gar nichts er abgetragen hatte, so fiel er in großen Kummer, aber am Abend des siebenten Tages kam der Fuchs und sprach: «Leg dich nur hin schlafen, ich will die Arbeit für dich thun.» Und wie er des andern Morgens erwachte, war der Berg fort, da ging er fröhlich zum König und sagte ihm, daß nun der Berg abgetragen wäre, er sollte ihm nun seine Tochter geben. Da mußte es der König wohl thun, und die beiden zogen fort; der Fuchs aber kam und sagte: «Nun müssen wir sie alle drei haben, die Jungfrau, das Pferd und den Vogel.» – «Ja, wenn du das machen könntest», sagte der Jüngling, «das soll dir aber schwer werden.» – «Wenn du nur hören willst, soll es schon geschehen», antwortete der Fuchs. «Wenn du nun zum König kommst, der die wunderschöne Königstochter verlangt, so sag ihm: hier wäre sie. Darauf wird gräßliche Freude seyn; sodann setz dich aufs Pferd, das sie dir geben müssen, und reich allen zum Abschied die Hand, der Jungfrau aber zuletzt, und zieh sie dann mit einem Schwung hinauf und gieb dem Pferd die Sporen.»

Wie er das alles vollbracht hatte und die Königstochter mit sich führte, sprach der Fuchs weiter: «Jetzt, wenn wir vors Schloß kommen, wo der Vogel ist, so bleibe ich mit der Königstochter vor dem Thor stehen, und du reitest hinein und sprichst: sie sähen doch nun, daß dies das rechte Pferd wäre, so werden sie den Vogel bringen, du aber bleib sitzen, und sag, du wolltest sehen, ob es auch der rechte Vogel wäre, und wenn du ihn in der Hand hast, so jage fort.»

Alles ging gut, und wie er den Vogel hatte, setzte sich die Jungfrau wieder auf und sie ritten weiter bis in einen großen Wald. Da kam der

Fuchs und sprach: «Schieß mich todt und hau mir Kopf und Pfoten ab.» Allein der Jüngling wollte durchaus nicht. Sprach der Fuchs: «So will ich dir wenigstens einen guten Rath geben: vor zwei Stücken hüte dich, kauf kein Galgenfleisch und setz dich an keinen Brunnenrand!» – «Wenns weiter nichts ist», dachte jener, «das ist nicht schwer.»

Nun zog er weiter fort mit der Jungfrau, bis er endlich in das Dorf kam, worin seine Brüder geblieben. Da war gerade ein großer Auflauf und Lärmen, und als er fragte: was da vorwäre, hieß es: «Es sollen zwei Leute aufgehängt werden», und als er näher hinzu kam, sah er, daß es seine zwei Brüder waren, die allerhand schlimme Streiche verübt und alles verthan hatten. Sprach er: «Können sie denn gar nicht mehr vom Tode frei werden?» – «Nein», antworteten die Leute, «es sey denn, daß ihr euer Geld an die Lumpenkerls hängen und sie loskaufen wolltet.» Er besann sich nicht lange und zahlte, was man verlangte; da wurden seine Brüder freigegeben und setzten mit ihm die Reise fort.

Und als sie in den Wald kamen, wo ihnen der Fuchs zuerst begegnet war, da wars so lustig und lieblich darin. Sprachen die zwei Brüder: «Laß uns hier bei diesem Brunnen ein wenig ausruhen, essen und trinken!» Und er sagte: «Ja.» Unter dem Gespräch vergaß er sich und setzte sich an den Brunnenrand, und während er sich nichts Arges versah, warfen sie ihn hinterrücks in den Brunnen, nahmen die Jungfrau, das Pferd und den Vogel, zogen heim zum König und sprachen: «Das haben wir alles erbeutet und bringen es dir.» Da war eine Freude; aber das Pferd, das fraß nicht, der Vogel, der pfiff nicht und die Jungfrau, die weinte.

Ihr jüngster Bruder lag unten im Brunnen, der zum Glück trocken war, und wiewohl er keins seiner Glieder gebrochen hatte, konnte er doch keinen Weg finden, um heraus zu kommen. Indessen kam der alte Fuchs noch einmal, schalt ihn aus, daß er ihm nicht gehört, sonst wäre ihm nichts davon begegnet. «Doch aber kann ichs nicht lassen und muß dir heraushelfen; pack an meinen Schwanz und halte fest.» Darauf kroch der Fuchs und schleppte ihn zum Brunnen heraus. Wie sie oben waren, sagte der Fuchs: «Deine Brüder haben Wächter gesetzt, die dich tödten sollen, wenn du über die Grenze kämest.» Da zog er armen Mannes Kleider an und kam unbekannt bis an des Königs Hof, und kaum war er da, so fraß das Pferd, so pfiff der Vogel und die Jungfrau hörte Weinens auf. Der König fragte verwundert, was das zu bedeuten habe. «Ich weiß es nicht», sagte die Königstochter, «aber ich war so traurig und nun bin ich so fröhlich. Es ist, als wäre mein rechter Bräutigam gekommen.» Da erzählte sie ihm alles, obgleich die andern Brüder ihr den Tod angedroht hatten, wenn sie etwas verrathen würde. Der König hieß alle Leute vor sich bringen, die in seinem Schloß waren, da kam er auch, aber die Königstochter erkannte ihn, ungeachtet seiner schlechten Kleider gleich und fiel ihm um den Hals. Die Brüder wurden ergriffen und hingerichtet, und er bekam die schöne Jungfrau und nach des Königs Tode das Reich.

Lang danach ging er einmal wieder in den Wald, da begegnete ihm der alte Fuchs und bat aufs flehentlichste, er möchte ihn todtschießen und ihm Kopf und Pfoten abschneiden. Also that ers endlich, und kaum war es geschehen, als sich der Fuchs in einen Menschen verwandelte und war der Bruder der Königin, der nun endlich erlöst worden war.

Dieses Märchen (25) wurde von den Brüdern Grimm aufgezeichnet (26). Es weist große Ähnlichkeiten mit dem Märchen «Das Wasser des Lebens» (27) auf, daher dürfen wir annehmen, daß es auch in diesem Märchen darum geht, so etwas wie «Wasser des Lebens» zu finden.

Daß auf dieser Suche nach dem Lebenswasser – oder aber auch nach dem goldenen Vogel – der Märchenheld immer reicher wird, das ist eine, die andere Sache aber ist: er wird auch immer autonomer. Dabei ist seine Autonomie zunächst eine zum Teil vom Fuchs geliehene, erst ganz zum Schluß ist es auch eine von ihm selber verantwortete. Das Märchen wird nochmals zu der Überlegung hinführen, wie sich denn die Autonomie der inneren Figuren, der Drang nach Individuation und die Beziehung des bewußten Standpunktes zu diesem Drang zueinander verhalten.

«Vom goldnen Vogel» – so ist unser Märchen überschrieben. Ein goldner Vogel muß also eine Hauptrolle darin spielen. Wir wissen alle, daß es goldene Vögel nicht gibt; um uns einen vorstellen zu können, brauchen wir bereits die Phantasie. Wir können uns aber ohne weiteres goldene Vögel vorstellen: sie müssen in ihrer Schönheit, Makellosigkeit und offenbar trotzdem Leichtigkeit ein Symbol für eine sehr schwer zu erreichende Kostbarkeit, ein schwer zu erreichendes Ziel sein, das einem Leben Sinn, Inhalt und Faszination gibt – und einen von der Erdenschwere etwas befreit. Ein Vogel ist ohnehin schon im wesentlichen ein Bewohner des Luftraums, er kann die Erde dem Himmel verbinden, die Erdenschwere überwinden, sie transzendieren. Mit ihm verbinden wir das Erlebnis von Freiheit, er hat für uns eine flüchtige Beweglichkeit, ist uns nicht verfügbar. All diese Aspekte bewirken, daß wir ihn als Symbol für Inspiration, für Intuition und Phantasie sehen, die ja alle die Funktion haben, uns von der realen Erde wegzuziehen, über uns und über das Gegebene hinauszuwachsen, in gewissem Sinne auch die Möglichkeit, das Gewordene zu verlassen und zu immer neuen Sphären aufzubrechen. Dieser Vogel besteht aber auch noch aus Gold.

Das Leuchten des Goldes hat seine Entsprechung im Leuchten von Sonne, Mond und Sternen (28). Im Gold kann daher das Hereinholen des Kosmischen ins Erdenleben ausgedrückt sein, das Hereinholen der Transzendenz ins Alltägliche. Gleichzeitig ist es auch Ausdruck für das Hineinreichen des Goldträgers in die Transzendenz. Gold ist relativ unzerstörbar, hat dadurch auch den Aspekt von Dauer und Ewigkeit.

Natürlich zieht ein goldener Vogel auch die Aufmerksamkeit auf sich, aber in seiner Schönheit ist er auch ein Symbol für abgerundetes, geglücktes Leben. In diesem Vogel könnte sich die Sehnsucht nach solcher Abgerundetheit abbilden, die Verlockung auch, diesem Vogel nachzugehen, den Weg abzuschreiten, der zu diesem Vogel führt und der gewöhnliches Leben transzendieren läßt.

Das Märchen beginnt nun damit, daß der König einen Lustgarten hat, darin einen Baum mit goldenen Äpfeln. Er hat zwar einen Lustgarten, von einer Frau aber ist nicht mehr die Rede. Natürlich denkt man bei diesen goldenen Äpfeln wieder an die Äpfel der Hesperiden, die Eros und Fruchtbarkeit und dadurch Unsterblichkeit garantieren sollen. Dieser König hat also in seinem Lustgarten durchaus etwas vorzuführen, aber die Äpfel werden ihm gestohlen, bevor er sie essen kann – er hat nichts mehr davon. Und das wundert einen auch nicht: Er *hat* eben einen Lustgarten, Eros aber ist etwas, das sich dem Besitz auf subtile Weise entzieht. Es muß aber eine Zeit gegeben haben, in dem dieser Lustgarten durchaus ein Garten der Lust gewesen ist. Das ist auch daraus zu erschließen, daß dieses Märchen – gerade im Vergleich mit dem Märchen «Das Wasser des Lebens» – ein sehr reiches ist: das Leben zeigt sich noch immer von seiner Fülle her.

Aber jetzt bricht ein Goldvogel von außen ein und stiehlt die Äpfel; so ist es naheliegend, diesem Goldvogel – der ein Lockvogel ist – zu folgen, um zu sehen, wohin er denn die Äpfel bringt. Es muß ein Entwicklungsweg zurückgelegt werden, um wieder zu diesen Äpfeln, damit aber zu Eros, Fruchtbarkeit und letztlich zum Überschwingen in die Transzendenz zu finden.

Sehen wir unser Märchen im Zusammenhang mit dem vom «Wasser des Lebens», wo das Lebenswasser geholt werden muß, weil der König todkrank ist, dann stehen diese geraubten Äpfel noch in einem ganz andern Zusammenhang. Der König ist nicht einfach nur habgierig, will sich nicht nur nichts entgehen lassen, sondern der Fortgang des Lebens ist echt bedroht; das Bild, daß der Vogel die Äpfel stiehlt, ist nichts Geringeres als das Bild für diese Lebensbedrohung: wenn das Erleben von Eros nicht mehr möglich ist in einem Lebenssystem, dann ist dieses vom Tod bedroht.

Weshalb dieser Vogel einbricht, sozusagen als Entwicklungsanreiz aus einer magischen Sphäre – alles, was uns stört, ist ein Entwicklungsanreiz –, wird auch von daher einleuchtend, daß der König den Lustgarten bisher dem Gärtner überließ, als sollte dieser sich allein um den Eros, um die Kultivierung des Gefühlslebens und Gefühlsausdrucks kümmern. Der König delegiert seine Verantwortung an eine, wenn auch kompetente, Randfigur der Seele. Er kümmert sich nicht selbst um etwas, das so wichtig und wertvoll ist. Aber auch die Wächter scheinen die Wichtigkeit des Problems nicht ganz zu erfassen, sonst würden sie wohl kaum einschlafen. Eine etwas mutterkomplexige Behaglichkeit macht sich breit, aus der die Wächter sich nicht so rasch aufscheuchen lassen.

Nur der jüngste Sohn des Gärtners hält die Sache für so wichtig, daß er wach bleibt und eine Feder des goldenen Vogels herunterschießt. Jetzt aber sind alle alarmiert: die Feder ist mehr wert als das ganze Königreich, wie sich jetzt zeigt, wobei unklar ist, ob der König von Habgier gepackt ist oder wirklich erkennt, daß hier etwas sich im Leben ankündigt, das wertvoller ist als alle materiellen Werte. Jetzt muß der König diesen Vogel haben, jetzt packt ihn diese Idee, und die Verantwortung für den Fortgang der Geschichte wird etwas weniger delegiert: die Söhne des Königs sind es jetzt, die sich auf die Suche nach dem Vogel machen sollen.

Es ist in den Märchen nie der König selber, der sich auf die Suche macht. Er weiß meistens sehr genau, was er braucht oder was ihm helfen würde, aber den Weg – für den Vater –, der dann ja immer ein Entwicklungsweg ist, müssen die Söhne machen. Der König fordert etwas von den Söhnen, aber den Weg machen diese dann letztlich doch für sich selber: alle Erfahrung, die sie auf dem Weg machen, alle Entwicklung bleibt ihre Erfahrung. Die Entwicklung zu größerer Autonomie, die mit diesen Wegen verbunden ist, bleibt ihre eigene. Daran ist wohl manchmal auch zu denken, wenn wir das Gefühl haben, etwas in unserem Leben «für die Bedürfnisse des Vaters» oder die «Bedürfnisse der Mutter» getan zu haben; diese Bedürfnisse haben den Weg initiiert, die Erfahrungen auf dem Weg bleiben die unsern. So autonom können wir einfach nicht sein, daß schon von Anfang an unsere ureigensten Bedürfnisse wegweisend wären – das legen uns viele Märchen in diesem Zusammenhang nahe.

Aber auch jetzt – da der Wert des Vogels klar ist – gehen die Söhne noch nicht in der rechten Einstellung auf die Suche. Selbstherrlich weisen sie den Rat des Fuchses ab, ihr schnelles Genießen-Wollen, ihr Haben-Wollen ist ihnen wesentlicher als die Suche nach dem Vogel. Nur der Jüngste macht sich ernsthafter auf den Weg. Er ist noch nicht so integriert in das herrschende System, daher auch noch nicht so angekränkelt von den Werten, die da gelten.

Während die beiden älteren Brüder ihre vernünftigen alten Strategien einsetzen und auch ihren gewohnten Lebensstil beibehalten – man kann auch aufbrechen und dennoch innerlich zu Hause bleiben –, läßt sich der Jüngste wirklich auf das Neue ein. Die beiden älteren Brüder lassen sich leicht von ihrer Sehnsucht trennen, abspalten, sie haben wohl lieber den Spatz in der Hand als die Taube auf dem Dach. Sie sind ja auf der Suche nach einem goldenen Vogel. Wie sollen sie den Zusammenhang zwischen dem Fuchs und dem goldenen Vogel erkennen? Aber gerade darin, daß sie nicht einfach einmal annehmen, was ihnen auf dem Weg begegnet, erweisen sie sich als Menschen, die zu wenig offen sind für etwas Neues.

Diese typische Aufbruchssituation im Märchen kann man

auch so verstehen, daß es meistens einige Versuche braucht, bis man in der richtigen Einstellung aufbricht, das richtige Interesse aufbringt. Und solange dieses nicht da ist, bleibt man eben irgendwo hängen. Das Märchen gibt uns aber auch immer drei Versuche, um die richtige Einstellung zu finden.

Betrachten wir diesen Aufbruch unter der Perspektive der Entwicklung zur Autonomie, dann erscheint es zunächst, als würden die beiden älteren Brüder autonomer handeln als der Jüngste: sie lassen sich vom Fuchs nichts sagen, entscheiden sich eigenständig, aber auch selbstherrlich. Was sie zeigen, ist eine forcierte Autonomie, ein Handeln, das sich nicht um Zusammenhänge kümmert, sondern nur um das eigene Wohlbefinden. Es ist auch ein Verhalten, das nicht darum weiß, daß man auf einer solchen Suchwanderung auch auf Hilfe angewiesen ist, woher sie auch kommen mag.

Das Märchen macht deutlich, daß eine Suchwanderung in dieser autistischen Form von Autonomiedemonstration nie durchzuführen ist, es kritisiert denn ja die beiden älteren Brüder aufs schärfste. Und doch, ist es meistens nicht so, daß wir in solch selbstherrlicher pseudoautonomer Haltung uns auf unsere Suchwanderungen machen, vertrauend auf alte Strategien und die eigene Geschicklichkeit, als wüßten wir, welche inneren Figuren akzeptabel sind? Irgendwann, wenn alle Aufbruchsversuche scheitern, jede Sehnsucht, die den Aufbruch vorangetrieben hat, abhanden kommt, lernen wir, in welcher Haltung wir uns auf diese Suchwanderungen begeben müßten.

Warum aber hilft hier ein Fuchs? Wir wissen von vergleichbaren Märchen, daß dort ein alter Mann oder eine alte Frau, die sich als weise herausstellen, Ratschläge geben. Der Fuchs nimmt in diesem Märchen die Rolle eines hilfreichen Begleiters ein. Dieser Begleiter kann auch ein Mensch sein (vgl. das Märchen «Rothaarig – Grünäugig»: 29). Auch das lehrt das Märchen: bei großen Unternehmungen muß man einen Begleiter mitnehmen, mit dem man sich dann auch auseinandersetzen muß. Dieser Begleiter wartet auf einen, drängt sich fast auf – er muß nicht gesucht, sondern wahrgenommen werden. Im Begleiter sind jeweils die Eigenschaften ausgedrückt, die man auf seinem Weg benötigt, Eigenschaften, die in einem verstärkt werden müssen. Hier ist der Fuchs der Begleiter; der Königssohn wird also auf seiner Reise durch das Füchsische geleitet sein, er wird aber auch das Füchsische in sich selbst entwickeln müssen.

Der Fuchs ist bei uns bekannt durch seine List, aber auch durch seine Hinterlist und die Fähigkeit, zu überlisten. List spielt denn auch in diesem Märchen eine große Rolle. Sein wenig Greifbar-Sein verdankt er vor allem seiner Kleinheit und seiner Beweglichkeit, aber auch seiner Vorsicht. Die rote Farbe seines Felles bringt ihn in Verbindung mit dem Teufel, zeigt, daß er auch etwas Dämonisches an sich hat. Diese Deutung kann aber natürlich damit zusammenhängen, daß wir von unseren gängigen Wertungen aus geneigt sind, sowohl das Rot, die Farbe der Leidenschaftlichkeit und der Erregung, als auch das Füchsische an sich ein wenig zu verteufeln, weil es uns Angst macht.

Der Fuchs gilt als ein Tier, das ein richtiger Überlebenskünstler ist, das sich immer wieder aus der Patsche helfen kann. In der keltischen Tradition ist der Fuchs ein Seelengeleiter, er hat die Qualitäten des griechischen Gottes Hermes. Hermes ist der Gott, der Tore und Türen hütet und öffnet, ein Gott der Übergänge und Aufbrüche, Beschützer der Wanderer und Grenzgänger, er kann der nächtliche Geleiter sein und auch die Seelen in die Unterwelt begleiten. Insofern bietet er sich als Begleiter an auf eine innere Reise, aber auch auf den Weg zur Autonomie, ist doch dies ein Weg, auf dem man immer wieder Grenzen überschreitet und neue setzt. – Hermes ist uns aber auch bekannt als Rinderdieb, als trickreiche Figur, ein Schelm, mit Mutterwitz ausgezeichnet, listig, nie metaphysisch böse, vielmehr in seinem ganzen Wesen ein Gott, der für Veränderung sorgt, auch für Profit, auf elegante Weise erarbeitet oder sonstwie auf wunderbare Weise erworben. Diese Fähigkeiten und Verhaltensweisen sind natürlich Verhaltensweisen der Menschen, dort, wo sie füchsisch sind, sie werden aber gerne dem Fuchs zugeschrieben.

Schnell, gewandt und pfiffig zeigt sich der Fuchs im Märchen, am Rande der gängigen Moral, aber unerschütterlich hilfsbereit. Auf ihn kann sich der Königssohn wirklich verlassen.

Wenn der jüngste Sohn nun die Begleitung des Fuchses, seinen Rat annimmt und sogar auf seinem Schwanz getragen wird, dann bedeutet das, daß er sich ganz und gar seinen füchsischen Seiten überläßt, die er wohl als recht gebieterische Intuition von innen her erlebt – und die ihm hilft, sich mit den mächtigen Königen auseinanderzusetzen. Wäre er ganz gehorsam gewesen, er hätte sich den Vogel geholt, aber keinen weiteren Entwicklungsweg zurückgelegt. Da Vögel aber recht «flüchtig» sind, ist es ungewiß, ob er ihn hätte festhalten können, ob diese Sehnsucht ihn also ein Leben lang erfüllt hätte. Eine ganz wesentliche Spannung innerhalb der Entwicklung zur Autonomie steckt in dem Gegensatz von zwingender Intuition – gebieterischer Stimme aus unserer Seele –, die sich auch etwa in einer deutlichen Überzeugung oder in einem sehr klaren, überzeugenden Traum ausdrücken kann, und der andererseits etwas widerständigen Haltung des Bewußtseins diesem innern Drang gegenüber, der sich hier im Märchen in dem Ungehorsam des Helden ausdrückt. Der Königssohn sagt «ja – aber», beugt sich zwar in der Richtung und in der Thematik dieser inneren wegweisenden Kraft, bringt aber immer auch seinen Ego-Wunsch, seine Überzeugungen mit ein.

Das Märchen lehrt uns in diesem Zusammenhang, daß wir diesen weg-weisenden inneren Figuren, die die dynamische Kraft und die jeweilige Thematik in unserem Individuationsprozeß abbilden, in ihrer Bewegungsrichtung mit Vorteil folgen, auch den Kontakt mit ihnen immer erhalten sollen, daß wir aber auch ihnen gegenüber ein Anrecht auf ein Stück Autonomie haben, daß gerade das Wahrnehmen dieser Autonomie den Entwicklungsprozeß vorwärtstreibt. Damit streben die Märchenhelden auch mehr Autonomie gegenüber diesen führenden Gestalten des Unbewußten an, ohne das, was sie in ihr bewußtes Leben einzubringen haben, zu vernachlässigen. Das bewirkt lediglich die Auseinandersetzung des Bewußtseins mit dem Unbewußten, von der Jung so oft spricht, die dem Individuationsprozeß zugrunde liegt und ihn erst wirklich ausmacht. Dieser Auseinandersetzungsprozeß erst ist gestaltetes Leben. Nur immer zu vollziehen, was die Träume, was die Intuition einem sagen, das kann blinder Gehorsam sein, eine ungeheure Abhängigkeit, auch wenn man sich sehr autonom oder gar frei dabei wähnt.

Worin besteht nun der Ungehorsam des Königssohnes? Der Fuchs weist ihm den Weg, weiß, wann die Wächter schlafen, oder bringt sie listigerweise im rechten Augenblick zum Schlafen. Es ist einfach, an diesen Vogel heranzukommen, aber offenbar schwer, diesen Vogel in den hölzernen Käfig zu stecken, wie der Fuchs es will. Der Königssohn fand es lächerlich, den schönen Vogel in den garstigen Käfig zu stecken. Er wählt den ihm passend erscheinenden Käfig – und in dem Moment erwachen alle Wächter, wird er auch gleich gefangengenommen. In einem goldenen Käfig kann man den Vogel nicht wegtragen, nicht mit sich nehmen. Was wollte denn der Fuchs, als er ihm empfahl, den goldenen Vogel im hölzernen Käfig mitzunehmen?

Holz ist ein Stoff, der im Vergleich zu Gold großen Wandlungen unterworfen ist, alt werden kann, vermodern. Hätte der Königssohn lernen sollen, daß die Phantasie von erfülltem Leben, wie sie im Goldvogel ausgedrückt ist, diese Phantasie von Transzendenz, von etwas, das unzerstörbar, ewig ist und ihn immer wieder über den Alltag hinausheben kann, dennoch im Zusammenhang mit unserer Vergänglichkeit gesehen werden muß, daß sie zugleich aber auch von dem alltäglichen Leben getragen ist? Müßte er lernen, daß Schönes *und* Häßliches das Ganze des Lebens ausmachen?

Er will aber seine Sehnsucht nicht relativiert sehen. So viel Glanz läßt aber die Welt nicht zu: er wird denn auch gefangengenommen von jenen Wächtern, die im Dienste des Königs stehen, der noch mehr von ihm haben will – oder ihn mit dem Tod bedroht. Alles oder nichts ist hier die Frage. Geblendet von so viel Gold, bekommt man den Eindruck, daß der Königssohn jetzt einer Art von Goldrausch verfällt, daß er auf dem einmal eingeschlagenen Weg immer weiter gehen muß, da, es nicht zu tun, gleichbedeutend mit dem Tod für ihn wäre.

Wie am Anfang des Märchens bekommt man den Eindruck, daß die Gier, etwas ganz Besonderes zu haben und dann auch vorzeigen zu können – nicht nur im materiellen Sinn, sondern auch symbolisch: ewige Werte –, ihn weitertreibt. Daß aber gerade dieser Weg, auch wenn er aus der Gier heraus geboren wird, ihn das menschenmögliche suchen läßt.

War sein Ungehorsam vielleicht auch vom Fuchs vorausbestimmt? Wäre er gehorsam gewesen, dann hätte er niemals den Weg seiner Sehnsucht wirklich ermessen und davon realisiert, was realisierbar ist, er hätte sich viel zu schnell zufriedengegeben.

Allerdings: er wird jetzt vom König mit dem Tod bedroht. Hinter dieser Unbedingtheit ist der Vater verborgen, der ihn auch mit seiner Forderung zum Äußersten treibt, der ihm andererseits aber auch, sollte er scheitern, das Gefühl gibt, kein Lebensrecht zu haben. Er muß weiter suchen, ihm bleibt keine andere Wahl. So hat er sich denn durch seine kleine autonome Tat in eine ungeheure Unfreiheit hineinmanövriert, in eine Gegensatzspannung, die nur ganzes Glücken oder ganzes Scheitern kennt. Wobei Glükken und Scheitern vom Märchen her anders definiert werden, als der Königssohn es sieht.

Jetzt muß er ein goldenes Pferd finden, das so schnell läuft wie der Wind. Nicht nur einen goldenen Vogel braucht er, nicht nur eine Ahnung von Verbindung zu Transzendenz, die ihn immer wieder hinausträgt über das, was geworden ist, auch ein Pferd braucht er, schnell wie der Wind und golden – ein wunderbares Pferd.

Das Pferd ist das Symbol für die Triebkräfte des Menschen, für seinen Instinkt, für die Energie, oft ein Symbol für unsere ganze Körperlichkeit und unsere körperlichen Kräfte. Es sind die Kräfte, die uns tragen, die in Wechselwirkung mit unseren bewußten Absichten stehen können.

Er muß also, wenn er das goldene Pferd, das schnell ist wie der Wind, erringen soll, zu seiner Körperlichkeit finden, zu seiner Triebhaftigkeit auch, die hier als goldenes Pferd dargestellt wird, damit aber wiederum eine ungeheure Be-

deutung bekommt, aufgewertet wird und vor allem auch im Aspekt der großen Energie, die damit verbunden ist, gezeigt wird; denn: schnell wie der Wind ist dieses goldene Pferd. Natürlich wird das Gold und dieses «Schnell-Sein wie der Wind» auch darauf hindeuten, daß die Triebsphäre auch einen Zusammenhang mit dem Geistigen, mit dem Ewigen hat. Denn dieses Pferd ist letztlich ein Sonnen- und Windpferd, deutet also auf die Möglichkeit der Transzendenzerfahrung in der Körperlichkeit hin. Er muß also lernen, seinen Körper und die Triebwelt zu schätzen, aber auch zu sehen, daß auch im Körperlichen eine Verbindung zum Geistigen erlebbar ist.
Wiederum rät ihm der Fuchs, den schlechten Sattel aus Holz und Leder aufzulegen; wiederum legt ihm der Königssohn einen guten Sattel auf – wie es sich gehört –, und er wird dabei natürlich wiederum gefangen. Wieder setzt er seinen Kopf durch, wieder will er die zu perfekte Lösung, die Lösung, die ihm stimmig erscheint und die nicht beinhaltet, daß der Sattel, auf dem der Mensch sitzt, keiner ist, der ewig dauert, sondern daß wir, solange wir darauf sitzen, dieses Erlebnis von Ewigkeit haben können. Zeitlichkeit und Ewigkeit gehören aber zusammen.
Jetzt muß er noch weiter gehen und auch noch die wunderschöne Königstochter herbeischaffen – oder sterben. Wenn man bedenkt, wie hilfsbereit der Fuchs ist, wie er, von ein paar pädagogischen Ermahnungen abgesehen, kaum ein Wort über den Ungehorsam verliert, so wird man den Gedanken nicht los, daß auch der Ungehorsam schon programmiert ist.
Wenn der Königssohn seine Körperlichkeit akzeptieren kann, wenn er die Triebhaftigkeit sehen kann, verbunden mit der ganzen Energie, die in ihr entbunden wird und die uns auch immer die Gegenwart transzendieren läßt, dann

muß er ja nun eine Beziehung zu einer Frau aufnehmen können. Und für ihn muß es eine wunderschöne Königstochter sein. Allerdings muß jetzt auch noch bedacht werden, weshalb er diesen Vogel, dieses Pferd – und dann letztlich auch die schöne Königstochter – *stehlen* muß. Vogel, Pferd und Königstochter gehören immer einem König, der nichts freiwillig herausgibt. Diese Erfahrungen müssen gleichsam aus dem väterlichen Bezirk herausgestohlen werden, damit sie zu eigenen Erfahrungen gemacht werden können: erotische Phantasien, sexuelle Erfahrungen sind zunächst die Domäne des Vater-Königs. Aber auch anders kann dieser Diebstahl verstanden werden; jede Zeit hat ihr Verhältnis zu Eros, zu Sexualität, zu Körperlichkeit, jeder Mensch muß seine Beziehung dazu sich erwerben. Und natürlich versuchen die alten Könige, keine neuen Erfahrungen zuzulassen; wiederum haben wir das alte Problem: von denen, die das alte System vertreten, werden alle unsere Autonomiefortschritte nicht nur als Ungehorsam, sondern sogar als Diebstahl bezeichnet. Denn mit dem, was die «alten Könige» erarbeitet haben, geht ja der autonom Gewordene nachher selber weiter, trägt es weiter ins Leben hinein. Als Diebstahl kann es natürlich nur gelten, solange wir uns in einem System bewegen, wo Lebenserfahrungen, gelebtes Leben als Eigentum bestimmter Instanzen gewertet wird, wo man sich dem Leben nicht als ganzem verpflichtet fühlt.

Die Königstochter kann als reale Frau gesehen werden, zu der er jetzt eine Beziehung aufnehmen kann. Sie kann aber auch gesehen werden als seine innere, ihn faszinierende Frau, die in ihm das Gefühl aufbrechen, die ihn Eros und Sexualität in der Beziehung zu einer Frau leben läßt. Sie kann auch als Sehnsucht verstanden werden, die in ihm alle jene Seiten entfaltet, die in einer Liebesbeziehung zum

Tragen kommen. Und wenn er diese Königstochter auch erst in der Phantasie hätte, wäre das schon viel, wäre es doch die Voraussetzung für eine lebendige Beziehung. Im Alltag äußert sich das so, daß man sich, längst bevor man eine tragfähige Beziehung aufbaut, einen möglichen Partner oder eine mögliche Partnerin in der Phantasie ausmalt.
Der Fuchs erweist sich nicht nur als listig, er erweist sich, gemäß der Symbolik, die er verkörpert, auch als Überlebensinstinkt – und deshalb ist es schwierig, in dieser Situation daran zu glauben, daß der Held auch sterben könnte: viel einfühlbarer ist die «Alles-oder-nichts»-Psychologie des jungen Mannes. Der Fuchs entfacht immer wieder Hoffnung auf eine Lösung und gibt dem Königssohn die Energie, immer weiter zu gehen, denn er trägt ihn schließlich auf seinem Schwanz – auch schnell wie der Wind.
Die Königstochter badet nachts um 12 Uhr im Badehaus; er holt sie aus einem mütterlichen Bereich heraus. Er kann sie küssen und mit sich nehmen, nur Abschied nehmen von den Eltern darf sie nicht. Nachts um 12 ist die Zeit, zu der mit dem neuen Tag symbolisch eine neue Phase beginnt. Auch das Bad hat damit zu tun, daß eine Erneuerung stattfindet, die Vorstellung einer Taufe kann damit verbunden werden. Die Königstochter scheint ebenfalls bereit zu sein, in eine neue Phase ihres Lebens einzutreten: Der Königssohn soll sie auch nicht einfach stehlen, er soll sie küssen.
Durch den Abschied, den er der Königstochter ermöglicht und der uns menschlich durchaus gerechtfertigt erscheint, bringt er sich wiederum in eine problematische Situation. Allerdings wird hier ein anderes Verhalten, als wir es bisher gesehen haben, sichtbar. Einmal ist die Königstochter mitschuldig, wenn wir das Märchen auf der Objektstufe betrachten: *sie* ist es, die sich verabschieden will. *Er* handelt

aus einem Gefühl heraus, er hat Verständnis für sie oder Mitleid. Von der ganzen Situation her, von der Stimmung her, die jetzt geschildert wird, zeigt sich, daß jetzt ganz andere seelische Qualitäten erlebbar werden. Jetzt können Emotionen ausgedrückt und kann auf Emotionen auch geantwortet werden. Natürlich kann der Königssohn auch jetzt noch nicht die Königstochter einfach haben. Er muß etwas dafür tun: erst muß er einen Berg abtragen. Der Vater stellt die unmögliche Aufgabe, damit er seine Tochter nicht weggeben muß, er möchte sie noch für sich behalten. Des Vaters Berg – und damit ist wohl der Vater als solcher gemeint – ist so groß, daß man nicht über ihn hinwegsehen kann. Das Hindernis, das dieser Vater in die Welt setzt, ist groß, doch ist dieser Königssohn bereit, auch eine aussichtslose Arbeit anzugehen. Nun ist es ja üblich, daß der Freier irgendwelche Aufgaben erfüllen muß, um die Frau zu bekommen, die er haben möchte. Und hier geht es darum, zu zeigen, daß er dem Vater gewachsen ist.

Der Königssohn packt die nicht zu bewältigende Aufgabe immerhin an. Auch daran erkennt man, daß, seit er mit dem Pferd in Berührung gekommen ist, eine Verwandlung mit ihm vorgegangen ist: er ist zupackender geworden. Er läßt sich nicht mehr alles vom Fuchs erledigen, die Autonomie besteht jetzt in mehr als im Ungehorsam. Aber er muß lernen, daß er, obwohl er alles gibt, was er hat, die geforderte Aufgabe doch nicht allein erfüllen kann, daß er auf Hilfe angewiesen ist. Auch berichtet das Märchen, daß er dabei großen Kummer empfindet. Auch das ist nachfühlbar: er weiß, was er möchte, und jetzt arbeitet er, ohne daß ein Erfolg sichtbar wäre. Er ist überfordert, der König erweist sich als einer, der überfordert, und die Überforderung geht wohl nicht nur von diesem König hier aus, diese Thematik zieht sich durch das ganze Märchen.

Lernen aber muß er wohl hier, daß gewisse Aufgaben nicht einfach mit eigenem Willen zu lösen sind, daß oft alle Anstrengung vergeblich ist und daß das Problem sich trotzdem lösen kann.

Dabei ist das Vertrauen in den Fuchs von einer sehr großen Wichtigkeit. Von der Autonomiethematik her heißt das: zuviel Autonomiestreben kann einen auch überfordern, es gibt Dinge, die man mit dem eigenen Willen nicht durchsetzen kann, bei denen alle Anstrengung vergeblich ist. Und dennoch scheint mir gerade diese Anstrengung, auch das Unmögliche zu versuchen, Voraussetzung dafür zu sein, daß Hilfe von anderer Seite sich konstelliert. Sehr deutlich ist in dieser Passage geschildert, wie eigenes Bemühen um Autonomie und hilfreiche Zufälle zusammenspielen – das Glück des Tüchtigen –, wie aber letztlich alle Entwicklung zur Autonomie der gestaltenden Kräfte aus der Tiefe, die wir nur – sehr bedingt – kontrollieren können, bedarf.

Es geht darum – bei allem Selber-machen-Wollen –, zu erkennen, wo die Grenzen der eigenen Kräfte liegen, und diese zu akzeptieren, auch daß gewisse Dinge einem unverdient doch zukommen, wenn man tut, was in den eigenen Kräften liegt.

Der Fuchs bringt jetzt die Idee vor, daß der Königssohn schließlich alles, die Jungfrau, das Pferd und den Vogel, bekommen solle. Der Königssohn ist einverstanden, sagt aber sehr deutlich, das sei wohl auch für den Fuchs schwer zu erreichen: er ist nicht mehr ganz naiv im Einschätzen seiner Kräfte. Der Fuchs sagt aber moralisierend, wenn er ihm zuhören wolle, dann gehe es schon.

Und in der Tat hört der Königssohn zu und macht jetzt keine Autonomiedemonstrationen mehr, zumindest nicht dem Fuchs gegenüber.

Die Könige überlistet er natürlich durchaus: und es stellt sich die Frage, welche Rolle denn die List bei der Autonomieentwicklung habe. Normalerweise greifen wir dann zu einer List, wenn unser Gegner stärker ist als wir, wir fühlen uns dann in ihn ein, überlegen uns, was wir in seiner Situation machen würden, und kommen dann seinem Handeln zuvor.

Wenn wir es in der Autonomieentwicklung nicht auf eine große Auseinandersetzung ankommen lassen wollen, damit aber auch zeigen, daß wir einer solchen noch nicht gewachsen wären, unter Umständen sogar unseren Autonomiefortschritt oder unsere Autonomieabsicht wieder verlieren würden, dann benehmen wir uns listig, wie hier im Märchen, lassen unsere Partner im Glauben, daß wir alles so machen, wie sie es sich wünschen, und handeln dann doch anders. Damit aber verunmöglicht man eine weitere Beziehung, stößt sich also noch definitiver in eine Autonomie hinein, der Weg zurück ist dann verbaut.

Wir haben es bei diesem Märchen deutlich mit einem jungen Mann mit einer starken Vaterbindung zu tun, der einen übermächtigen, überfordernden, etwas von der Realität abgehobenen Vater hat. Er trickst nun also auf dem Heimweg alle Königsinstanzen aus. Jetzt übt er Autonomie gegenüber diesen Vaterrepräsentanzen, ob wir sie als reale Väter begreifen oder aber eben als deren Vertreter in seiner Psyche, verbunden etwa auch mit moralischen Vorschriften.

Dabei erweist sich der Fuchs als trickreiche Figur, er macht dem Hermes alle Ehre. Vom Fuchs abhängig zu sein, würde heißen, nun ganz in dieser trickreichen Stimmung zu leben, natürlich verbunden mit einem Hochgefühl, daß es irgendwie zu schaffen ist, daß diese Könige nicht mehr mitbestimmen können. Abhängig bleibt er aber in dieser

Situation mehr denn je vom Fuchs. Er hat sogar seine Autonomiespielchen ihm gegenüber ganz aufgegeben.
Solange er dem Fuchs gegenüber seine Autonomie behauptet hat, solange war er in der Hand der Könige, das hat ihn aber, verbunden mit seinem totalen Anspruch, in seinem Entwicklungsprozeß immer weiter getrieben. Jetzt, da er gelernt hat, daß er dem Fuchs vertrauen kann, da er auch Vogel, Pferd und Jungfrau gewonnen hat, behauptet er seine Autonomie diesen Königen, den herrschenden kollektiven Bewußtseinsnormen gegenüber und ist dafür abhängiger vom Fuchs.
Es stellt sich hier die Frage, ob das allenfalls eine Gesetzmäßigkeit ist: daß wir dann, wenn wir von einem Entwicklungsdrang aus unserer Tiefe bestimmt sind, weniger abhängig von den äußeren Normen sind, also leichter uns in die Autonomie hineinentwickeln können.
Das Märchen zeigt aber auch diese Abhängigkeit von der Tiefe als eine, die wieder geopfert werden muß: der Fuchs müßte getötet werden. Diese Abhängigkeit von einer inneren bestimmenden Figur wäre nur während einer bestimmten Phase hilfreich und würde den Übergang in eine neue Lebensphase erleichtern.
Der Fuchs bittet darum, daß er ihn töte und Kopf und Pfoten abhaue. Gerade diesen Fuchs, den er so notwendig brauchte, soll er töten und in seine Teile zerlegen. Symbolisch heißt das, daß dieser Fuchs jetzt in einer andern Form mitleben möchte. Da er ohnehin schon die ganze Zeit der menschlichen Sprache mächtig war, ist anzunehmen, daß er überhaupt eine menschliche Gestalt annehmen möchte, das hieße aber, daß das Füchsische, Trickreiche, aber auch Schlaue, das das Böse in den andern Menschen voraussehen kann, als bewußte Haltung integriert werden könnte, mit der man immer wieder Beziehung aufnehmen kann, mit

der man sich austauschen kann. Es ginge also wiederum um ein Stück Freiheit auch dieser intuitiv helfenden Seite gegenüber, aber auch um das Übernehmen von entsprechender Verantwortung.
Man kann es dem Königssohn nachfühlen, daß er diesen Fuchs, der ihm so sehr geholfen hat, nicht gern töten möchte. Allerdings hätte man dann – wie er – noch immer nicht gelernt, daß es eigentlich immer wesentlich ist, wenn der Fuchs etwas sagt, auch wenn es zunächst unsinnig erscheint.
Auch wenn wir diese Situation intrapsychisch verstehen, können wir uns in den Königssohn einfühlen. Warum soll man eine Haltung, die einem soviel Reichtum gebracht hat, opfern? Warum soll man sich in dieser Situation über seine eigenen füchsischen Seiten klarwerden, diese analysieren, vielleicht sogar auch feststellen, was daran nicht ganz so gut ist?
Das wäre ein neuer Schritt in Richtung Autonomie, ein mühsamer. Wie naiv der Königssohn noch immer ist, zeigt sich darin, daß er den Rat des Fuchses zwar gutmütig annimmt, aber das Gefühl hat, das sei alles leicht. Er ist überheblich geworden, so wie man halt manchmal überheblich wird, wenn so viel gelungen ist – er muß sich ja unermeßlich reich vorkommen, mit all dem, was er sich auf seiner Suchwanderung geholt hat, mit all den Lebensqualitäten, die er jetzt zur Verfügung hat. Es ist kein Wunder, daß ihm, dem so viel gelingt, offenbar kaum beizubringen ist, daß Leben Glücken und Scheitern kennt, daß nichts nur schön ist, daß vielmehr Gut und Böse zusammengehören. – Diese Situationen sind gefährlich, man überschätzt sich dann leicht, weiß nicht, wo die Grenzen liegen.
Er hat noch keine Phantasie im Blick auf das mögliche

Böse entwickelt, dazu hätte er eben den Fuchs als einen Aspekt seiner selbst sehen müssen. Jetzt ist ihm dieses Füchsische wiederum abhanden gekommen. Erst, wenn wir uns selbst sehen in unseren füchsischen Seiten, trauen wir sie auch den andern zu.

Er löst unbedacht, gutmütig und arglos seine Brüder aus. Hier kommt mir sein Ungehorsam gegenüber früher weniger als Ungehorsam, deshalb auch kaum als autonome Tat vor, vielmehr scheint er einfach zu vergessen, was ihm der Fuchs gesagt hat. Jedenfalls reißen die lustigen Brüder des Anfangs im Wald, wo es «lustig und lieblich» ist, wo sie sich ausruhen, essen und trinken, alles an sich, was er mitgebracht hat, ihn selbst aber stoßen sie in den Brunnen.

Daß der Wald als lustig und lieblich geschildert wird wie auch der Hinweis auf Essen und Trinken deuten an, daß auch er jetzt in diese lustige Laune seiner Brüder geraten ist, die nur dem Augenblick verpflichtet ist und die Lust des Augenblicks genießt. Es findet keine Auseinandersetzung mit diesen Brüdern statt, die doch eine der seinen entgegengesetzte Lebensanschauung vertreten müßten – er ist einfach froh, wieder bei ihnen zu sein.

Wenn diese Brüder oberflächliche Gesellen sind, auf Renommieren und schnellen Genuß aus, wie sie den Gepflogenheiten des Königshauses und damit auch des Zeitgeistes entsprechen, dann fiele auch er, je näher er wieder seinem gewohnten Lebensrahmen käme, wieder in diese Haltung zurück. Es ist schwierig, neue Erfahrungen, die man weit weg von zu Hause gemacht hat, auch wirklich in die gewohnte Umgebung einzubringen. Das ist aber gerade der Prüfstein, ob die neuen Erfahrungen uns auch *wirklich* verändert haben, oder ob wir sie nur nach Hause tragen, um sie «vorzuführen».

Der, der sich auf die Suche gemacht hat, der sein Leben riskiert hat, um wirklich zu finden, was für ihn wesentlich ist und seinem Leben Sinn gibt, läßt sich in den Brunnen stoßen. Der Brunnen ist der Ort, wo Diesseits und Jenseits miteinander verbunden sind, Brunnen und Quellen werden immer wieder mit Geburtsszenen in Zusammenhang gebracht. Hier in diesem Brunnen kommt er erstmals zur Ruhe. Der Aufenthalt im Brunnen könnte ein Bild für eine Situation der Inkubation sein, wo er auf sich selbst zurückgeworfen warten muß, bis ihm doch wieder geholfen wird. Das Herauskommen aus dem Brunnen wäre dann sozusagen eine Wiedergeburt ins Leben hinein. Jetzt ist von Autonomie keine Rede mehr. Die ganze Aggression wird durch die Brüder vertreten.

Fassen wir die Brüder, die jetzt nach Hause kommen und zeigen, welche Reichtümer sie mitgebracht haben, als Persönlichkeitszüge von ihm selber auf – vergleichbar der Ausgangssituation –, so könnte er von außen wie einer aussehen, der wirklich das Glück gefunden hat. Daß etwas nicht stimmt, äußert sich nur darin, daß das Pferd nicht frißt, der Vogel nicht singt, die Jungfrau weint. Zwar sagt das Märchen noch: «Da war eine Freude», aber von einer freudigen Stimmung ist dann wenig zu merken. Die Freude hält nicht an, weil das, was gewonnen wurde, was die Bereicherung des Lebens bringen sollte, alle Zeichen der Trauer trägt.

Von außen sieht alles bestens aus, aber es sieht eben nur so aus: vergleichbar ist diese Lage jenen Lebenssituationen, in denen man zwar seine bedeutenden Träume noch hat, seine Erlebnisse mit der Tiefe, sie auch durchaus den andern Menschen vorzeigt, sogar stolz ist über das Erreichte. Noch will man sich mit diesen Erlebnissen wichtig machen; aber dieses Neue trägt nicht, kann nicht wirklich nach Hause gebracht werden, eingebracht werden ins gewöhnliche Leben. Man fühlt sich eigentlich eingeengt, eingeschlossen, und wartet auf einen Ausweg, so wie der jüngste Königssohn, der also im Brunnen liegt und keinen Ausweg finden kann.

Wiederum kommt der Fuchs und hilft ihm nach der obligaten Schelte heraus. Ein solches Verfallen an die hochmütigen Brüder, die natürlich eigene hochmütige Schattenseiten sind, dauert nie sehr lange, wenn jemand schon auf der großen Reise war, wenn jemand schon so etwas wie Quellen des Lebens gefunden hat.

Und jetzt, nachdem ihm der Fuchs gesagt, daß seine Brüder Wachen ausgesetzt haben, um ihn zu töten, zieht er von sich aus alte Kleider an, damit die Wachen ihn nicht erkennen. Erinnern wir uns daran, daß er sich geweigert hat, dem goldenen Vogel den hölzernen Käfig zu geben, dem goldenen Pferd den schlechten Sattel; jetzt hüllt er sich selber in schlechte Kleider, verhüllt also seinen Wert, gibt sich bescheiden, damit ihn die Wächter der Brüder nicht abfangen, damit er also nicht wieder seinen Bruderseiten in die Hände fällt, drückt damit aber auch aus, daß er jetzt begriffen hat, daß das Leben aus Polarität besteht: daß Neues und Altes, Vergängliches und Ewiges, Häßliches und Schönes, Gutes und Böses zusammengehören.

Erkannt wird er trotzdem, nicht aber von den Brüdern, sondern von seiner Braut. Die Brüder werden schließlich hingerichtet: der Königssohn muß diese Seiten, die ihm zum Verderben werden können, opfern. Jetzt erst ist er auch bereit – und zwar nach langer Zeit –, den alten Fuchs zu töten, nachdem dieser aufs flehendlichste darum gebeten hat. Er muß sich von diesem autoritären füchsischen Instinkt loslösen, ablösen, wobei er vor allem auch Kopf und Pfoten abhauen muß, Sinnbild für Überlegung und Aktivität. Er muß jetzt auf das unbewußte Füchsische verzichten, auch das Füchsische, was ihm einfach so zukommt, ihn aber auch fast mit einem Zwang belegt, für das er aber die Verantwortung letztlich nicht übernimmt. Er soll jetzt selber weise werden, klug und listig, aber auch wissen, daß er es ist. Und sich dazu zu entschließen, bedeutet den Entschluß, diesen Fuchs zu töten, eine aggressive, autonome Tat.

Aus dem Fuchs wird der Bruder der Frau – er kann jetzt auf der menschlichen Ebene integriert werden.

So hat denn dieser Königssohn, der König werden wird, nicht nur seine Anima (weibliche Seite) auf seiner Suche nach dem Wasser des Lebens gefunden, sondern auch seinen Animus (männliche Seite; 30): er hat Eros, Bezogenheit, Liebe gefunden (Königstochter), er hat einen Zugang zu seinem Körper gefunden, er hat seine Sehnsucht gefunden, vielleicht auch seine Seele, die immer wieder wegfliegen wird, er hat aber im Fuchs auch seine eigene aggressive Schlauheit gefunden, eine Aggressivität, die für Wandlung sorgt, die recht eigentlich ein wesentlicher Aspekt der Autonomie ist – und er hat sich gleichzeitig auch vom Vater abgelöst.

Bis er diese Form der Autonomie gewonnen hat, war er immer auf einem Weg zur Autonomie, und sein kleiner Protest, sein kleiner, gewagter autonomer Ungehorsam, trieb den ganzen Prozeß voran.

In diesem Märchen wird besonders deutlich, daß der Drang zur Autonomie, der ja auch als Drang zur Individuation verstanden werden kann, in engem Zusammenhang mit einer einseitig gewordenen Lebenssituation steht, die eine neue Entwicklung herausfordert. Der Drang zur Autonomie äußert sich hier als innerer Zwang, dem das

Ich des Helden nur einen kleinen eigenen Autonomiewunsch entgegensetzen kann. Gerade dieser Prozeß der Auseinandersetzung treibt die Entwicklung voran und bewirkt die notwendigen Ablöseprozesse und die neuen Bindungen.

Letztlich aber geht es im Märchen darum, daß der Held seine Handlungen wirklich selbst verantwortet.

ABSCHLIESSENDE BEMERKUNGEN

Die Märchen zeigen uns ihre Helden und Heldinnen auf dem Weg zu mehr Autonomie. Dieses Streben nach Autonomie drückt sich letztlich darin aus, daß Helden und Heldinnen jeweils am Schluß ihrer Wanderungen «reicher» sind als zu Beginn; das ist nicht materiell zu verstehen, vielmehr, daß sie in neuen Beziehungen stehen und von alten Beziehungen abgelöst sind.
Jedes Märchen zeigt aber auf seine Weise, wie Autonomie und Abhängigkeit einander gegenseitig bedingen, daß mit jedem Autonomieschritt auch wieder neue Abhängigkeitsverhältnisse eingegangen werden. Diese engen nun aber nicht mehr entscheidend ein, im Unterschied zu der anfänglichen Abhängigkeit, aus der der Held oder die Heldin sich herausentwickelt haben.
Die Märchen zeigen uns deutlich, daß das Streben nach Autonomie nicht nur eine Sache des Willens ist, wie wir es uns oft vorstellen. Der Weg zur Autonomie wird vielmehr von den sogenannten autonomen Komplexen initiiert, die unbewußt sind und in denen sich die emotionellen Erfahrungen unseres Lebens spiegeln, damit natürlich auch deren Einseitigkeiten sowie das Bedürfnis nach Ausgleich im Sinne eines Systems, das sich selbst reguliert. Von diesen «autonomen» Komplexen geht der Anreiz zur Entwicklung aus, in ihnen ist aber auch das Autonomiethema enthalten. Das wird in allen Märchen deutlich, am deutlichsten wohl im Märchen von der «Zottelhaube». So werden

denn die Schwächen eines Menschen letztlich zu dessen Stärken.

Ebenso deutlich wird aber, daß diese Impulse kreativ ins Leben eingebracht und durchgetragen werden müssen, von jemandem, der gerade auch diesen autonomen Komplexen gegenüber ein Stück Distanz wahren kann, der sich also um Autonomie auch den autonomen Komplexen gegenüber bemüht.

Dabei zeigt es sich in allen Märchen, daß der Hauptkomplex, der einen Menschen prägt, das jeweilige Thema der Autonomieentwicklung bestimmt, ebenso auch die vorherrschende Stimmung, in der der Weg zur Autonomie gegangen wird. Eben das, was im Ursprungs-System, aus dem man sich herausentwickelt, ausgeschlossen war, bringt den Entwicklungszuwachs.

Was zunächst «eingeschlossen» ist, wird durch den Prozeß der Autonomieentwicklung «aufgeschlossen», Machtstrukturen werden in Beziehungsstrukturen umgewandelt. Gute Autonomieentwicklung führt keineswegs zur Isolierung. Klassische Autonomiethemen, die das Gesagte belegen, wurden im Märchen «Die Blume des Glücks» und «Der Eisenofen» dargestellt.

Der Zusammenhang unseres Autonomiestrebens mit unseren autonomen Komplexen mag daran beteiligt sein, daß wir Autonomie so ambivalent erleben: Der Drang zur Autonomie kann sehr zwingend sein. Es bleibt aber zu bedenken, daß wir eigene Autonomiebedürfnisse meistens sehr viel positiver einschätzen als die Autonomiebedürfnisse unserer Mitmenschen: Autonomieschritte verändern die Beziehungen, und wenn diese Veränderungen nicht zugelassen werden, werden eben auch die Autonomiebedürfnisse verteufelt.

Im Märchen von der «Zottelhaube» wurde zudem deutlich, wie wichtig die konstruktive Aggression auf den Wegen zur Autonomie ist, besonders auch das aggressive Umgehen mit destruktiven Impulsen. Angriffslust zieht uns geradezu in die Autonomie hinein.

Entwicklung zur Autonomie bedeutet aber auch, daß wir viele Trennungsprozesse durchstehen müssen – jeder Autonomieschritt ist ein Trennungsschritt, wie er auch ein Beziehungsschritt ist. Die Problematik der Trennung wurde vor allem im «Eisenofen» thematisiert, aber auch im Märchen «Die weißen Katzerl». Dort wird ausgeführt, was geschieht, wenn wir die notwendigen Trennungsschritte nicht leisten, wenn wir uns der inneren Forderung, autonomer zu werden, die doch zum Menschen gehört, widersetzen. Das Märchen legt nahe, depressive Zustände mit einer verweigerten Autonomieentwicklung in Zusammenhang zu bringen.

Im Märchen «Vom goldnen Vogel» wird deutlich, wie sehr die Entwicklung zur Autonomie den Helden ins Spannungsfeld zwischen den Anforderungen der Innenwelt und der äußeren Realität stellt. Noch einmal wird die Rolle der Aggression, hier als List bezeichnet, in dieser Auseinandersetzung gezeigt: wir brauchen List – uns selbst gegenüber und der Welt gegenüber –, um autonomer werden zu können. Das bedeutet aber auch, daß wir auf unseren Wegen zu mehr Autonomie immer bedroht sind. Wenn wir sie aber gehen können, winken uns, wenn wir den Märchen vertrauen wollen, reiche Erfahrungen, neue Beziehungsfähigkeit, ein Gefühl von Freiheit.

Autonomie ist eine Utopie: letztlich lernen wir von den Märchen, daß wir dann auf den Wegen zu mehr Autonomie sind, wenn wir der Berufung zu einem eigenen Weg mehr gehorchen als Vater und Mutter.

BIBLIOGRAPHIE

1 Weitere methodische Anmerkungen zur Märcheninterpretation in: Jacoby M., Kast V., Riedel I.: Das Böse im Märchen. Bonz, Stuttgart 1978, ^{3}1983, S. 46 ff.

Kast V.: Wege aus Angst und Symbiose – Märchen psychologisch gedeutet. Walter, Olten 1982, ^{6}1984; Taschenbuchausgabe: Deutscher Taschenbuch Verlag, München 1987.

Kast V.: Mann und Frau im Märchen. Walter, Olten 1983, ^{4}1984; Taschenbuchausgabe: Deutscher Taschenbuch Verlag, München 1987.

Kast V.: Familienkonflikte im Märchen. Walter, Olten ^{2}1984; Taschenbuchausgabe: Deutscher Taschenbuch Verlag, München 1988.

Exemplarische Märcheninterpretation im Sinne der Jungschen Schule bei M.-L. von Franz, z. B.: Das Weibliche im Märchen. Bonz, Stuttgart 1977.

2 Zottelhaube. Aus: Norwegische Volksmärchen. Hrsg. und übers. v. Klara Stroebe und Reidar Th. Christiansen. Diederichs, Köln 1967.

3 Kast V.: Paare. Beziehungsphantasien oder Wie Götter sich in Menschen spiegeln. Kreuz, Stuttgart ^{2}1984.

4 Vgl. Riedel I.: Hans mein Igel. Wie ein abgelehntes Kind sein Glück findet. Kreuz, Stuttgart 1984.

5 Vgl. Kast V.: Der Kalberlkönig. In: Familienkonflikte im Märchen. Siehe unter 1.

6 Ninck M.: Wodan und germanischer Schicksalsglaube. Wissenschaftl. Buchgesellschaft, Darmstadt 1964, S. 311 u. 312.

7 Herder Lexikon: Germanische und keltische Mythologie.

8 Vgl. Kast V.: Das Assoziationsexperiment in der therapeutischen Praxis. Bonz, Fellbach 1980, S. 15 ff.

9 Die Blume des Glücks. Aus: Zigeunermärchen. Hrsg. v. Walther Aichele und Martin Block. Diederichs, Köln 1962.

10 Mahler M.: Symbiose und Individuation. Klett, Stuttgart 1972.

11 Vgl. Kast V.: Wege aus Angst und Symbiose. Siehe unter 1.
12 Kast V.: Paare. Siehe unter 3.
13 Der Trommler. In: Brüder Grimm, Kinder- und Hausmärchen (KHM) 193.
14 Der Eisen-Ofen. In: Brüder Grimm, KHM 41. Hrsg. F. Panzer, Vollmer Verlag, Wiesbaden o. J.
15 Vgl. Bolte J., Polivka G.: Anmerkungen zu den Kinder- und Hausmärchen der Brüder Grimm. Bd. III. Olms, Hildesheim 1963, S. 43.
16 In: Kast V.: Mann und Frau im Märchen. Siehe unter 1.
17 Der Froschkönig. In: Grimm, KHM.
18 Vgl. Riedel I.: Farben. Kreuz, Stuttgart 1983.
19 Von Franz M.-L.: Interpretation of Fairytales. Spring, New York 1970.
20 Vgl. Scherf W.: Lexikon der Zaubermärchen. Kröner, Stuttgart 1982.
21 Die weißen Katzerl. Aus: Deutsche Märchen aus dem Donauland. Hrsg. v. Paul Zaunert. Diederichs, Köln 1958.
22 Vgl. Kast V.: Trauern. Phasen und Chancen des psychischen Prozesses. Kreuz, Stuttgart ^{4}1984.
23 Jacoby M., Kast V., Riedel I.: Das Böse im Märchen. Siehe unter 1.
24 Von Beit H.: Gegensatz und Erneuerung im Märchen. Francke, Bern, München 1957, 1972, S. 19.
25 Vgl. auch Drewermann E., Neuhaus I.: Der goldene Vogel. Grimms Märchen tiefenpsychologisch gedeutet. Walter, Olten 1982, ^{4}1984.
26 Vom goldenen Vogel. Aus: Grimms Kinder- und Hausmärchen. Nach der 2. Auflage von 1819 textkritisch revidiert und mit einer Biographie der Grimmschen Märchen versehen. Hrsg. v. Heinz Rölleke. Diederichs, Köln 1982, 1. Band.
27 Das Wasser des Lebens. In: Grimms Kinder- und Hausmärchen. Diederichs, Köln 1982, 1. Band.
28 Riedel I.: Farben. Siehe unter 18.
29 In: Kast V.: Wege aus Angst und Symbiose. Siehe unter 1.
30 Vgl. Kast V.: Paare. Siehe unter 3.

Daniela Heisig
Die Anima

Der Archetyp des Lebendigen
Mit einem Vorwort von Verena Kast
255 Seiten, Engl. Broschur

C. G. Jung hat den Archetyp der Anima nur der männlichen Psyche zugeordnet. Die Autorin zeigt auf, wie fruchtbar die Erweiterung des Animabegriffs hin zu einem nicht mehr geschlechtsspezifischen Archetyp ist. Ausgangsspunkt ist die Darstellung von Jungs Animakonzept und der Argumente seiner KritikerInnen. Darauf aufbauend entwickelt die Autorin das erweiterte Animakonzept. Sie beschreibt anhand von Träumen die Bedeutung der so verstandenen Anima in der seelischen Entwicklung des modernen Menschen, insbesondere der Frau.